核なき世界への道

内藤 酬［著］

北樹出版

目次

核なき世界への道

思想からみたロシア革命——マルクスの思想と社会主義

ロシア革命とそこから生まれたソヴィエト連邦が二〇世紀の世界史に巨大な痕跡を残していることはいうまでもない。しかしそれ以上に大きな影響を与えているのは、現代科学の誕生とそれにともなうテクノロジーの変容であることを忘れてはならない。現代科学は近代科学の発展の帰結として誕生した。しかしそれは近代科学の延長線上にとどまるものではない。そこには自然認識における革命的な転回が含まれているからである。世界史は近代科学の地平に成立する社会から現代科学の地平に成立する社会へと変容の過程をたどっていると考えなければならない。近代科学は自然（物体）と人間（精神）の実在的区別を前提として、自然を対象的に認識する自然認識の体系として成立した。自然は人間の主観から独立かつ客観的に存在するものであり、自然から切り離された人間は認識主体として自然の外に立つものと位置づけられた。そしてそのようなものであることによって、対象的自然を客観的な自然法則にしたがう自然現象として記述することが可能となり、さらに法則的知識にもとづく自然の操作的支配に道を開くものとなった。

現代科学は自然（物体）と人間（精神）の実在的区別をこえて、人間をその一部として含む自然を、自然の一部である人間が認識する自然認識の体系として誕生した。人間は自然の長い営みのなかから自然の一部として生まれ、自然の一部である人間が認識主体として、自らをその一部として含む自然を認識する。自然の客観性は人間の主観を含む全体的地平に成立するものにほかならない。自然は人間を生みだし、人間の活動を媒介として自己自身を表現する。このような現代科学の自然認識が近代科学のそれと明確に異なることはいうまでもないであろう。現代科学の成果はさまざまな領域で実用化が図られ、テクノロジーの変容を通じて、現代社会に構造的変容を引き起こしている。近代科学の地平に成立する社会は、人間が自然を支配する関係を基礎として、人間が人間を支配する関係を組織する社会にほかならない。これに対して現代科学の地平に成立する社会は、自然と人間が共存する関係を基礎として、人間と人間が共存する関係を組織する社会でなければならない。それはポストモダン的共同性にもとづく社会となるであろう。

マルクスは『経済学・哲学草稿』において「人間は自然の一部」という認識から出発し「観念論とも唯物論とも異」なり、同時に「両者を統一する真理」である「貫徹された自然主義あるいは人間主義」の立場に到達した。「人間についての科学が自然科学を自分のうちに包みこむのと同様に、自然科学は後には人間についての科学を包みこむ」ものとなり、そこに「一つの科学」が誕生する。それは近代科学と異なる科学のあり方を示すものといえよう。このような初期マルクスの思想には現代科学の自然認識に深く通じるものがある。そこには現代科学の地平へと向かうベクトルを見てとることができる。「人間と自然との完成された本質統一」である社会はポストモダン的共同性にもとづく社会にほかならない。しかしマルクスの思想形成がなされた一九世紀の時点で、現代科学はまだ生まれておらず「科学」といえば「近代科学」以外にはなかった。そのためマルクスの思想は現代科学の地平に着地することができず、近代科学の平面に射影されたものとなり、近代科学の枠内で「科学的」な思想として発展をとげていくしかなかった。

資本主義社会は近代科学の地平に成立する社会であり、社会主義社会は現代科学の地平に成立する社会である。第二次世界大戦後に出現した科学の構造は、近代科学の枠組みに現代科学の成果を導入し、現代科学の成果に媒介されてはじめて可能となった体制であり、そこには現代科学の成果を近代科学の枠組みで管理する構造がある。それは近代科学の地平に成立する社会から現代科学の地平に成立する社会への過渡期を特徴づける構造にほかならない。マルクスは「自然科学は産業を介してますます実践的に人間生活のなかに入りこみ、それを改造し、そして人間的解放を準備したのであるが、それだけますます直接的には自然科学は、非人間化を完成させずにはやまなかった」と述べている。資本主義社会で「非人間化を完成させ」ようとしているのは近代科学の枠組みであるが、「産業を介してますます実践的に人間生活のなかに入りこみ、それを改造し、そして人間的解放を準備」しているのは、そこに内在する現代科学の成果である。テクノロジーの変容はポストモダン的共同性にもとづく社会主義社会を準備するものとしてある。

マルクスは近代科学の枠内で資本主義の分析を進め、その崩壊が不可避であることを明らかにした。資本主義の崩壊は近代科学の枠組みの自壊にほかならない。しかしマルクスの思想に近代科学と現代科学を識別する基準はない。それゆえプレモダン的共同性とポストモダン的共同性は未分化なままであった。そこにはプレモダン的共同性に依拠すれば、資本主義をとびこえて一挙に社会主義を実現できると考える誤謬と倒錯が、それとして自覚することなく含まれていた。しかしプレモダン的共同性はポストモダン的共同性ではなく、プレモダン的共同性に社会主義を生みだす力はない。それは近代科学の平面に射影された社会主義であり、転倒した〈社会主義〉としてあった。ロシア革命は転倒した〈社会主義革命〉として実行された。しかし一九一七年の時点で、ロシアのみならず西欧諸国においても、社会主義革命が成功する客観的条件はなかった。一国社会主義は近代国家の枠内に封印された社会主義であり、近代科学の平面に射影された社会主義でしかない。ロシア革命は社会主義革命ではなく、一国社会主義は社会主義ではない。

マルクスの思想を現代科学の地平に正しく着地させなければならない。マルクス主義は現代科学の地平から遊離して浮遊するマルクスの思想を近代科学の枠内で実体化したものにほかならない。それは近代主義の亜種である。しかしそれでは現代科学の地平においてのみ可能となる社会主義を実現することはできない。初期マルクスの思想と現代科学の自然認識を結ぶ一本の直線は、ロシア革命とソヴィエト連邦の世界史における位置づけを明らかにする補助線と考えることができよう。ソ連邦の消滅によって、資本主義は地球的規模で世界を覆いつくし「非人間化を完成させ」つつあるようにみえるが、それは資本主義が最終局面を迎えていることを示すものにほかならない。そしてそれは地球的規模で「人間的解放」の準備が整いつつあることを意味している。そこにグローバル化の両義性がある。ロシア革命から百年の歳月を経てようやく地球的規模で社会主義革命の客観的条件が整えられた。マルクスの思想を近代科学の枠組みから解放し、現代科学の地平に正しく着地させることで、社会主義への展望を切り開いていかねばならない。

グローバル化を通じて資本主義は地球的規模で世界を覆いつくし、プレモダン的共同性の解体のみならず近代国家の枠組みの溶解が進み、人びとは無限に多様な個に解体されていく。それは資本主義の高度に完成された究極の形態のようにみえる。しかし無限に多様な個に解体された人びとは、地球的規模で構築されたネットワークを通してつながり、各地でポストモダン的共同性にもとづく新しい連帯をつくりだしている。そこに資本主義崩壊後の受け皿があり、社会主義革命の可能性がある。そしてそこにポストモダン的共同性にもとづく社会主義社会が登場する。もしロシア革命（十月革命）が挫折し、ソヴィエト連邦が存続できなかったとしたら、資本主義は崩壊後の受け皿が整わないうちに世界を覆いつくし、その状態のまま崩壊のときを迎えていたことであろう。そうなっていたら人類史は「人類前史」のままで終わるしかなかった。ソ連邦はその受け皿が準備できるまでのあいだ、資本主義の極大化を阻止する防壁の役割を担っていたと考えることができる。ソ連邦の消滅はその歴史的役割の終結を意味するものにほかならない。

池内了『科学の限界』ちくま新書、二〇一二年

二〇一一年三月一一日の東日本大震災と東京電力福島第一原子力発電所の事故は、現代の科学と技術の限界を暴露するものとなった。地震の発生や規模を予知することができず、最新技術の粋であるはずの原発は無残にも破壊された。そこには自然を計算可能、予測可能、コントロール可能な世界ととらえる近代科学の自然認識の限界が露呈している。著者の池内了は本書の冒頭で「それは人々に対し、科学の無力さを露わにしたとともに、技術がいかに脆弱なものであるかを見せつけ、科学・技術に依拠する現代の文明がいかに脆い基盤の上に花咲くか弱い存在でしかないかを認識させることとなった」と述べている。

近代科学の方法は、複雑な現象を単純な要素に還元し、それらの要素のふるまいを明らかにすることを通じて、対象を認識する要素還元主義を特徴としている。要素と要素の関係を因果関係として把握し、それを自然法則として理解するのである。このような要素還元主義にもとづく近代科学は、目覚ましい成果をあげ、近代文明の飛躍的な発展の基礎となった。しかし地球システムや生態系のよう

な複雑系に対して、要素還元主義にもとづく近代科学は無力であり、巨大科学や巨大技術のコントロールについても、もはやその限界は明らかである。そこには科学の限界をふまえた文明の転換がなければならない。

池内了は、これまでも現代の科学と技術が直面する課題について、積極的な発言をくり返してきた宇宙物理学者である。本書でも、科学の限界をふまえた文明の転換が主要なテーマとなっている。彼は科学の限界に、人間が生み出す科学の限界、社会が生み出す科学の限界、科学に内在する科学の限界、社会とせめぎ合う科学の限界という四つの側面から検討を加え、要素還元主義の科学である近代科学に対して、複雑系の科学の重要性を強調している。現代科学の中心課題は複雑系の科学にあり、そこで「等身大の科学」が果たす役割は大きい。そこには科学者と市民の協力・協働によって成り立つ科学がある。

科学史家の広重徹は、ビッグサイエンスに典型的にみられる現代科学の研究体制を「科学の体制的構造」と呼び、そのような科学の構造が科学者を体制に依存し、体制の維持に奉仕するテクノクラートへと疎外していると述べている。こうした科学と科学者のあり方に対し、広重は「科学の前線配置」を変えねばならず、「科学のコントロールの主導権を資本や国家からわれわれの手にとりもどす努力が必要である」と指摘し、科学は「全人民的なコントロールのもとにおかれねばならない」と主張する。「科学の前線配置」を変えねばならないという指摘は、3・11以降においてこそ喫緊の課題であるといえよう。

著者の池内は身の丈に合った「等身大の科学」を、普通の人びとの普段の生活のなかに定着させることで、「科学の前線配置」を変えようとしている。複雑系の科学の重要性が注目されるなかで、広重の問題意識を受けつごうとするものにほかならない。「みんなが科学者」になることで、専門家に独占された科学知を普通の人びとの普段の生活のなかに取りもどそうとしている。はなばなしい先端科学の成果に目を奪われがちだが、現代科学の中心課題はむしろ複雑系の科学にあり、まさしくそこに「等身大の科学」を推進すべき理由がある。現代の科学と技術が直面する課題を考えるに際して必読の書である。

日本近現代史と天皇――復古と維新

日本近現代史は慶応三年一二月九日の「王政復古の大号令」を起点とする。それは「神武創業の始」への復古によって「百事一新」への道を開くものとしてあった。井上勲はそれを「近代日本の出生証」と呼び、「王政復古の宣言は、天皇統治の一点をのぞいて過去の一切を否定し、百事一新の先行条件を提供した」と述べている（『王政復古』）。近代日本は「復古」が即ち「維新」となる地平に誕生した。そしてその天皇統治は近代国家の形成を強力に推進するものとなった。しかしそれは同時に「神武創業の始」という神話に根拠をもっていた。近代日本は天皇制神話の枠内に近代国家を形成する道を選んだ。そこには国権論にもとづく右の近代主義があった。自由民権運動は右の近代主義に抗して民権論にもとづく左の近代主義を主張するものにほかならない。そこには右の近代主義と左の近代主義のきびしく鬩ぎ合う関係があった。

自由民権運動を弾圧することで成立した近代日本の体制は、教育勅語と大日本帝国憲法という二つの柱で構成されていた。それは右の近代主義の主導のもとに左の近代主義を統合する体制であり、天皇制国家の枠内で右の近代主義と左の近代主義が共棲する構造としてあった。そこにおける天皇制神話は左の近代主義を制限し、それを天皇制国家の枠内に馴致する役割を果たしていた。それは右の近代主義と左の近代主義の予定調和的な関係を実現しようとするものにほかならない。しかしそのような体制のもとで近代日本は着実な成長を遂げ、それにともなう左の近代主義の急激な増殖は、予定調和的な関係の維持をしだいに困難なものにしていった。大正デモクラシーは右の近代主義を制限し、左の近代主義を拡大することで、この予定調和的な関係を再構築するものであった。そしてそれは戦間期の国際協調に呼応するものでもあった。

そこには天皇制国家の脱神話化の可能性があった。しかし戦間期の国際協調は長くは続かなかった。右の近代主義と左の近代主義が予定調和的な関係のもとで共棲する近代日本の体制は、世界恐慌を契機として進行した国際的な緊張の深まりとともに、その限界を露呈していった。昭和ファシズムは右の近代主義を極大化し、大正デモクラシーのもとで拡大した左の近代主義を再統合するものにほかならない。それは天皇制国家の枠内に構築された近代主義の防衛体制としてあった。そこにおける天皇制神話の強調は非合理主義や神秘主義などではなく、近代主義の防衛体制としての昭和ファシズムの本質を覆い隠すものであった。しかしその天皇制神話の枠組みは、右の近代主義を極限まで徹底していくことを許すものではなく、近代主義の防衛体制の完成を最後の一点で阻止する構造をもっていた。そこに近代日本の究極の限界があった。

一九四五年の敗戦は近代天皇制の枠内に限定された近代日本の限界を暴露し、戦後の日本を天皇制神話の呪縛から解放するものとなった。戦後日本の体制は大正デモクラシーの時代の政党政治による議会運営と、昭和ファシズムの時代の官僚統制による経済運営を、象徴天皇制のもとに統合したものと考えることができよう。戦後民主主義は近代主義の自由度を著しく拡大するものとなった。日本国憲法は右の近代主義を抑制し、左の近代主義を極大化するものにほかならない。日本国憲法の第九条は右の近代主義にきびしい制約を課すものとしてあった。しかし戦後世界は右の近代主義が主導する冷戦構造のもとに置かれており、戦後の日本は日米安全保障条約によってこの戦後世界につながれていた。戦後日本の体制は右の近代主義を体現する日米安全保障条約と、左の近代主義を象徴する日本国憲法という二つの柱から構成されていた。

それは象徴天皇制のもとで右の近代主義を制限し、左の近代主義を極大化することで、右の近代主義と左の近代主義が共棲する構造を再現するものにほかならない。国際的には右の近代主義に寄り添いつつ、国内的には左の近代主義を基軸とした体制を維持するものといえよう。そこには右の近代主義と左の近代主義の予定調和的な関係がある。戦前の天皇は右の近代主義を体現し、戦後の天皇は左の近代主義を象徴する存在であった。しかし敗戦にもかかわらず昭和天皇の在位が継続したことから、その非連続の相が曖昧になったことは否定できない。こうした戦後日本の体制に含まれた曖昧さこそが、冷戦構造に包摂されながら、右の近代主義の国内への浸透を阻止することを可能にした。戦後世界の只中で日本国憲法の第九条を守り続けることができたのはそのためであった。冷戦の終結は予定調和的な関係の存続を困難なものとした。

冷戦構造は地球的規模で構築された近代主義の防衛体制の高度に完成された形態であった。それゆえ冷戦の終結は近代主義の防衛体制の崩壊を意味していた。一九八九年の昭和天皇の死とベルリンの壁の崩壊は、近代主義の体制が終焉のときを迎えたことを証するものにほかならない。そこには〈近代の超克〉の課題が露呈している。冷戦後の世界は後近代の世界でなければならない。しかし冷戦後の世界を主導するアメリカは、右の近代主義を極大化する方向に未来を切り開こうとした。これに対して昭和天皇の死によって即位した平成の天皇は、即位に際し日本国憲法の遵守を誓い、平成の日本は左の近代主義を極大化する方向に進むべきことを明言した。それは戦前の天皇と戦後の天皇における非連続の相を明確にするものといえよう。平成の日本は右の近代主義と左の近代主義がきびしく鬩ぎ合う関係のなかで今も迷走を続けている。

安倍政権は右の近代主義を極大化することで、近代主義の防衛体制の延命に加担することを自らの課題としており、そのために「憲法改正」を究極の目標としている。それは天皇の「憲法遵守」の姿勢とは対極に位置するものといえよう。天皇制国家の枠内で右の近代主義と左の近代主義が共棲する構造として成立した近代日本の体制は、近代天皇制から象徴天皇制への転換を経てもなお、その基本的枠組みを保持し続けてきた。しかし明治維新から一五〇年の今年、すなわち平成最後の年を、右の近代主義を追求する政権と左の近代主義を象徴する天皇がきびしく対峙する関係のなかに迎えている。それは右の近代主義と左の近代主義のいずれを選ぶかという問いを無化するものにほかならない。天皇を否定して右の近代主義を極大化する道を選ぶか、それとも天皇とともに左の近代主義を極大化する道を守るかという問いは無意味である。

近代日本の体制は天皇制国家の枠内で、右の近代主義を極大化するベクトルと、左の近代主義を極大化するベクトルが、緊張関係を孕みつつ共存する構造をもっていた。したがって右の近代主義を追求する政権と左の近代主義を象徴する天皇がきびしく対峙する関係は、近代天皇制と象徴天皇制を通じて維持されてきた、右の近代主義と左の近代主義が天皇制国家の枠内で共棲する構造の不可逆的な解体を不可避なものとした。それは近代日本の体制を問うにとどまらず、天皇制神話と天皇制国家のあり方を根底から問うものといわねばならない。象徴天皇制においても、男系男子による皇位継承を定めた「皇室典範」の規定に見られるように、「神武創業の始」に源流をもつ万世一系の神話は生きており、そこでは天皇制成立の原初の時点にまでさかのぼる歴史認識が求められているといえよう。

〈近代の超克〉は前近代への回帰ではない。

かつて〈近代の超克〉論者たちが希望を託した前近代は、近代主義の論理で再構成された「前近代」でしかなく、伝統的天皇の権威を身にまとった天皇は、近代国家の形成を正統化するための擬制でしかなかった。「神武創業の始」に源流をもつ万世一系の神話は「記紀神話」を近代国家の形成と親和的な体系へと再構成したものにほかならない。国家神道は近代日本とともに生まれたものであり、原初の神々の世界まで届く歴史的射程をもつものとはいえない。それは近代の産物であった。そのようなものに〈近代の超克〉の課題を委ねることはできない。しかし記紀神話といえども神々の世界をそのまま記録したものではない。それは中国（唐）の律令制をモデルとした律令国家の形成を正統化するために、神々の世界をそれと親和的な体系へと再構成したものにほかならない。記紀の編纂と律令の制定はほぼ時を同じくして進められた。

古代天皇制は神話的思惟の枠内に律令国家を形成するものとしてあった。それは弥生時代に芽生えた原初の王権が、古墳時代におけるヤマト王権の成立を経て、農業社会の王権として完成された姿を現したことを意味していた。しかし神話的思惟を脱ぎ捨てて律令国家の形成に進むことができるほどには、農業社会の成熟は十分ではなかった。そのため神々の世界を律令国家の形成と親和的な体系へと再構成することで、神話的思惟の枠内に律令国家を形成し、先進的な中国文明の脅威に対抗するしかなかった。そこには神話的思惟の枠内に近代国家を形成し、先進的な西欧文明の脅威に対抗するしかなかった近代日本の位相に通底するものがある。記紀神話を再構成することで外来の近代思想に適合する神話をつくることができたのは、記紀神話によって神々の世界が外来の儒教思想に適合する神話へとつくり変えられていたからである。

原初の神々の世界は高度に成熟した自然社会の基本的枠組みを一万年以上にわたって守り続けた縄

文時代の原体験に根ざしたものであった。弥生時代以降の稲作農耕の拡大にもかかわらず、原初の神々の世界はその深層に根強く生き続けた。古代日本の律令国家が神話的思惟を完全に脱ぎ捨ててしまうことができなかったのは、日本列島の農業社会が縄文時代の原体験に限界づけられた特異な構造をもっていたからである。それは縄文のエトスに色濃く刻印された農業社会としてあった。そしてそのような農業社会の特異な構造が古代日本の律令国家のあり方を規定していた。天皇制神話は「神武創業の始」が原初の神々の世界に根ざしたものであるかのように偽装することで、天皇統治の正統性を弁証するものにほかならない。それは農業社会の王権でありながら、原初の神々の世界に根ざした王権を僭称する擬制のうえに成り立っていた。

天皇制神話に呪縛された天皇制国家の構造は、天皇から農業社会の王としての権力を奪い、原初の神々の世界に根ざした王として仮構された擬制の権威のみを残した。農業社会の王権としての実質を武家政権に奪われた後に天皇に残されたものは、その原初の王として仮構された擬制の権威だけであった。しかしその擬制の権威は農業社会の王権を最後の一点で制約するものとなった。農業社会の王権から疎外された非農業民が天皇との結びつきを強めていったのはそのためであった（網野善彦『日本中世の非農業民と天皇』）。隆慶一郎の『花と火の帝』には、非農業民と結びつくことで徳川幕府と戦い、伝統的天皇の権威を守りぬいた後水尾天皇の姿が描かれている。その一点は極小化されながらも消滅することなく生き続けた。そしてその最後の一点は徳川幕府にとって致命的な一点となり、それを支点として「王政復古」が実現した。

こうして「復古」が即ち「維新」となる地平に近代日本の体制が成立した。しかしそれは天皇制神話の枠内に形成された近代国家であり、原初の王として仮構された擬制の権威を身にまとった伝統的天皇の呪縛から自由ではなかった。象徴天皇制においても伝統的天皇の権威は消えていない。それは近代日本の体制を最後の一点で制約している。安倍政権は伝統的天皇の権威を強化することを通じて右の近代主義を追求し、天皇は象徴天皇の立場で左の近代主義を守ろうとしている。しかし象徴天皇の立場が伝統的天皇の権威によって守られていることは否定できない。伝統的天皇の権威が近代主義の防衛体制の前に立ちはだかっている。そこには伝統的天皇の権威をめぐって右の近代主義と左の近代主義が鬩ぎ合う錯綜した関係がある。譲位を武器として政権と戦う天皇には譲位を武器として幕府と戦った後水尾天皇に通底するものがある。

もちろん平成の天皇は後水尾天皇ではない。伝統的天皇をとりまく客観的条件の違いは決定的である。その伝統的天皇の権威をめぐる錯綜した関係は、近代の究極の限界を暴露するものであり、近代の端的な終焉を予告するものといえよう。それのみならず、天皇制に呪縛された日本史のまったき終焉でなければならない。〈近代の超克〉は伝統的天皇への回帰ではない。それは仮構された擬制でしかない伝統的天皇の呪縛から、原初の神々の世界を解放することにほかならない。そしてそれは自然と人間の関係の回復であるとともに、人間と人間の関係の回復ともなるであろう。「神武創業の始」

に源流をもつ万世一系の神話のもとで、抑圧され疎外され続けた原初の神々の世界が現代に甦り、天皇制から解放された日本史は世界史へと合流する。日本近現代史は天皇制の枠内で刻まれてきた日本史の最終局面に位置づけることができよう。

日本近現代史を伝統的天皇の呪縛から解放しなければならない。しかしそれは伝統的天皇の呪縛から近代主義の防衛体制を解放することではない。右の近代主義であれ、左の近代主義であれ、それが「近代」の枠内にとどまるかぎり、〈近代の超克〉の課題が俎上に上ることはない。しかし「神武創業の始」を起点とする「前近代」にその課題を担う力はない。「神武創業の始」は原初の神々の世界に根ざしたものではないからである。それは原初の神々の世界を抑圧し疎外することで成立した虚構の神話であり、伝統的天皇の権威はそこに仮構された擬制の権威であった。伝統的天皇の権威と近代主義の防衛体制がきびしく鬩ぎ合う関係は、伝統的天皇の権威を支え続けた客観的条件の消滅を示すとともに、近代主義の防衛体制の端的な終焉を証するものと考えなければならない。それは後近代の世界の開幕を予告するものにほかならない。

伝統的天皇の呪縛から日本近現代史を解放することは、伝統的天皇の呪縛から日本を解放することであり、そこにとどまらず、近代主義の防衛体制から世界を解放することでなければならない。後近代の世界は原初の神々の世界を伝統的天皇の呪縛から解放し、原初の自然と人間の関係、人間と人間の関係を地球的規模で自覚的な関係として現代に甦らせた世界となるであろう。そこに未来への可能性がある。もはや「前近代」の復活にも「近代」の継続にも未来を託すことはできない。天皇制神話は生身の人間である天皇に「神」を演じさせるものであった。象徴天皇制は天皇を「神」から解放したように見えたが、その「神」から解放されたはずの天皇に「象徴」を演じることを要求した。いずれも生身の人間に「人間ならざるもの」を演じさせるという点ではなんら変わることがない。このような非人間的な体制は存続すべきではない。

核なき世界への道――量子力学と西田哲学が指し示す未来

はじめに

二〇世紀後半以降の世界史は核兵器の存在に限界づけられた時代としてあった。その地球的規模の破壊力は国家と国家の関係にもとづいて世界を秩序づける国際社会の構造に不可逆的な変化をもたらした。核兵器の巨大な破壊力は軍事力の行使に、きびしい制約を課すものとなった。軍事力の行使は核戦争へと発展する可能性があり、核兵器の使用は全面核戦争へと拡大する危険性を含むものと考えられていたからである。核兵器の存在が開示する「人類絶滅の可能性」は全面核戦争における勝者の不在を予告するものであり、軍事力の行使は「勝者なき戦争」への道に通じていた。それは軍事力のあり方を大きく変えるものであり、主権国家のあり方を根底から問うものにほかならない。核兵器は国家の所有するものでありながら、国家をこえて国家を制約するものとしてある。

軍事力はその直接的行使によって「敵の防御を無力ならしめ」、そのことを通じて「相手に我が方の意思を強要する」ことが課題であった。[1] そしてそのためにより大きな破壊力が必要とされた。近代テクノロジーの増殖はその課題に応えるものであった。そのような破壊力の増大の延長線上に核兵器が登場した。しかし核兵器はその大きすぎる破壊力のゆえに限定的使用が著しく困難であり、直接的行使の可能性をきびしく制約するものであった。軍事力はより大きな破壊力を求め続けた自己限定の極限において、その大きすぎる破壊力のゆえに「人類絶滅の可能性」という絶対の自己否定に直面することとなった。このような軍事力のあり方は〈軍事力の自己否定〉と定式化することができる。[2] かつて軍事力は主権の発動を担保するものであり、それゆえ〈主権の象徴〉としてあった。

これに対して核兵器は自由な軍事力の行使をきびしく制約するものであり、むしろ〈主権の制限の象徴〉というべきであろう。[3] 現代国家はこのような〈主権の制限の象徴〉としての軍事力のあり方に媒介された「半主権国家」と考えなければならない。[4] 主権国家としての近代国家は半主権国家としての現代国家へと変質することを余儀なくされた。近代の国際政治が主権国家を単位とする政治の枠組みだとすれば、現代の国際政治は半主権国家を単位とする政治の枠組みととらえるべきであろう。それは国家を単位とするという点で近代の国際政治の枠組みを継承しているが、その国家が半主権国家であるという点で明確に異なっている。半主権国家という現代国家のあり方は近代の国際政治が限界に直面していることを示すものであり、現代の国際政治が過渡期の形態であることを意味するものにほかならない。

近代の国際政治においては、国家内政治（国内政治）によって政治的統合を達成した国家のみが、国家間政治（国際政治）に参加する主体としての資格を独占していた。地球は国家と国家の闘争の舞台でしかなかった。核兵器はそのような国際社会の構造に不可逆的な変化をもたらした。地球的規模の政治的統合を「政治が世界内政治に変わる」方向に考えなければならない。(5) 核兵器の存在に限界づけられた時代は国際社会から地球社会への過渡期であり、地球社会は核なき世界でなければならない。核兵器は現代という時代の過渡期としての性格を象徴するものといえよう。国家と国家の関係にもとづいて世界を秩序づける国際社会の枠組みが存続するかぎり、核兵器が自らの廃絶を受け入れることはない。核兵器の地球的規模の破壊力は国家の枠内に閉じた思考の限界を打破することで、地球的規模の構想力を求めているからである。

このような核兵器を生みだした科学的知識は相対性理論と量子力学である。相対性理論と量子力学は二〇世紀の物理学における最大の発見であり、それは近代科学と異なる自然認識にもとづく現代科学の誕生であった。核兵器は現代科学の所産としてあった。特殊相対性理論から導きだされる質量とエネルギーの等価性は、核エネルギーの理論的根拠となるものにほかならない。そして原子構造の解明を通じて誕生した量子力学が、原子核の構造へと探究の歩みを進めていく過程で発見された核分裂反応は、核エネルギーの実用化にとって直接の契機となるものであった。核エネルギーは原子核の結合エネルギーの解放であり、核兵器の地球的規模の破壊力は原子核の結合エネルギーに起因するものとしてあった。現代テクノロジーは核兵器の開発を通じて生まれ、現代テクノロジーの増殖は核兵器の増強と軌を一にして進められていった。

現代テクノロジーが解放した巨大なエネルギーが核兵器の地球的規模の破壊力の源泉であり、その地球的規模の破壊力が世界史の構造に不可逆的な変化をもたらした。そしてその地球的規模の破壊力が地球的規模の構想力を求めている。そこにテクノロジーの両義性がある。そこでは核兵器がつくりだした世界史の構造を核兵器なしで受け継ぐことが課題であり、そのために〈世界史の哲学〉が求められている。[6]西田哲学は「日本の哲学」であって「日本」に閉じない「世界の哲学」である。本章では、核兵器を生みだした科学的知識の哲学的基礎づけと思想史的位置づけを、西田哲学の場所的論理と関連づけながら検討し、核なき世界へと向かう世界史の行方を明らかにしたいと思う。世界史の構造における不可逆的な変化のなかに日本を位置づけることで、日本国憲法の平和主義の意義もまたそこから自ずと明らかになるであろう。

核エネルギーの基礎理論——中間子論とF研究

ウランの核分裂反応の発見は核エネルギーの実用化にとって直接の契機となるものであった。そして第二次世界大戦という政治的状況のなかで、核エネルギーの軍事利用は原子爆弾の開発へと急速に具体化されていった。アメリカの原子爆弾開発計画「マンハッタン計画」はよく知られているが、ここではは日本における事例について考えてみたい。当時の日本における原子核物理学の二大拠点は、仁科芳雄の理化学研究所（理研）仁科研究室と、荒勝文策の京都帝国大学（京大）荒勝研究室であった。日本の原子爆弾開発計画はこの二つの研究室を中心として企画された。陸軍の依頼による理研の「二号研究」と、海軍の依頼による京大の「F研究」がそれである。以下、京大荒勝研究室における原子核物理学の研究と原子爆弾開発計画の関係に焦点を絞ってみていくことにしよう。湯川秀樹のF研究への関与についても考えてみたい。[7]

核分裂反応の発見が伝えられると荒勝研究室でも、中性子によるウランの核分裂の研究が開始され、ウランの核分裂の際に放出される中性子数の測定や、連鎖反応が持続する臨界条件の確定などの成果が得られた。これらの研究は原爆開発を直接の目的としたものではなく、純粋に学問的関心にもとづくものであった。荒勝文策が原爆開発を積極的に主導した痕跡は見受けられない。[8] しかしそれらの研究成果は核エネルギーの実用化にとって不可欠の知識であり、荒勝研究室の研究は原爆開発と地続きであった。そこには現代の科学と社会の関係が直面する隘路に通底するものがある。湯川秀樹も戦時研究員としてF研究に参加していた。しかし海軍との会合に出席したり、小林稔に臨界量の計算を指示するなどの事実はあるが、原爆開発に積極的に関与した形跡はみられない。湯川にとって中間子論の研究が主要な関心事であった。[9]

しかしその中間子論も原爆開発とまったく無縁だったわけではない。原子核は陽子と中性子から構成されており、この陽子と中性子を総称して核子とよぶ。その核子と核子を結びつけて原子核をつくりあげている力が核力であり、核力を担う粒子が中間子にほかならない。湯川秀樹の中間子論は核力の理論であり、核エネルギーはこの核力の解放としてあった。量子力学を相対性理論の要請を満たす形で定式化すると「場の量子論」（相対論的量子論）となる。場の量子論を核力の理論として具体化したのが湯川の中間子論であり、それは素粒子物理学の誕生を意味していた。中間子論は核力の理論であり、それゆえ核エネルギーの基礎理論であった。中間子論が核エネルギーの実用化と直接のかかわりがあるわけではなく、核力の理論が原子爆弾として具体化するまでには、いくつもの段階と媒介項を必要とすることはいうまでもない。

荒勝研究室の一連の研究成果が核エネルギーの実用化に不可欠の知識を提供するものであり、原子爆弾の開発に直結するものであったことと比較すると、湯川の仕事は核エネルギーの実用化との直接的なつながりは乏しく、F研究への関与も間接的なものにとどまっていたことは確かであるといえよう。しかし核力の理論である中間子論が核エネルギーの基礎理論であるという事実は無視することができない。中間子論は場の量子論を核力の理論として具体化したものであり、核エネルギーは核力の解放としてあった。核兵器は場の量子論の地平に誕生したものにほかならない。核兵器を生みだした科学的知識は相対性理論と量子力学であった。そして場の量子論は量子力学の相対論的定式化であった。それらはいずれも相対性理論と量子力学という物理学における二〇世紀最大の発見がもたらした帰結であったことを忘れてはならない。

相対性理論と量子力学は時空と物質の概念に革命的な変化をもたらした。時間と空間は独立に存在するものではなく、絶対時間と絶対空間という近代科学の基礎となる概念は時空の相対性という概念に置きかえられた。また自然の観測者である人間の位置は、自然と独立な認識主体として自然の外にいるのではなく、自然の一部として自然の内にあることが明らかとなった。さらに物質の運動は時間と独立な空間のなかで起こる現象ではなく、時空のひずみやゆらぎである場の相互作用として起こる現象であると理解されている。相対性理論と量子力学は近代科学の自然認識の枠組みを根底からゆるがしていった。とりわけ量子力学がもたらした衝撃は決定的であった。量子力学の成立は近代科学と明確に区別された現代科学の誕生であった。現代科学は量子力学以後の科学としてある。[10]

場の量子論は物質を「量子化された場（量子場）」の概念によって把握し、物質現象を「量子場の相互作用」として記述する理論である。場の量子論の特徴は物質の生成消滅を記述できる点にあり、すべての物質がそこから生成しそこへと消滅する究極の基底状態として「真空」が考えられている。それは物質がまったく存在しない物理的状態として定義される。そしてそこにおいて決定的に重要なことは、この真空が自発的に対称性を破っている点にある。[11] この真空における対称性の自発的な破れのゆえに、すべての物質はそこから生成しそこへと消滅するものとしてそこに限定される。それは一瞬一瞬の生成消滅の無限の連鎖のなかにある。それが「物がある」ということにほかならない。真空は「単なる無」ではなく「充実した無」であり、それゆえ「相対的無」ではなく「絶対の無」であった。

現代テクノロジーの成立――テクノロジーの両義性

世界は真空における対称性の自発的な破れに始まる。それは宇宙の始元であり物質の根源であった。宇宙はその始元においてすでに真空における対称性の自発的な破れに起因するゆらぎやひずみを含み、非可逆的な時間に限界づけられていた。それは歴史的世界の誕生であった。そしてそのような歴史的世界の構造のゆえに「量子場の相互作用」としての物質現象が可能となり、さらに物質的自然から生物的自然を経て人間的自然に至る歴史的自然の成立と形成が可能となった。そしてその歴史的自然をふまえ人間的社会が姿を現す。したがって宇宙の始元と物質の根源に発し、生命の発生と人類の誕生を経て社会の形成に至る歴史的世界の全過程は「量子場の相互作用」の自覚的発展の過程として解釈することができるであろう[12]。人間的社会と人間的実存はこうした歴史的世界の長い営みのなかから生まれてきたものとしてあった。

場の量子論が開示する自然認識の地平は物質的世界と生物的世界と人間的世界を統一的に理解する可能性に道を開くものといえよう。それは歴史的世界の論理的構造を明らかにするものにほかならない。人間は歴史的世界に限定された事物として他の物質や生物と何ら異なるものではない。人間はただそのことを自覚し得るという一点においてのみ他の物質や生物と区別されるものでしかない。人間はそのことを自覚することによって歴史的世界に限定された客体でありながら歴史をこえて歴史をつくる主体となる[13]。そしてまさにその一点にこそ人間が人間であることの証があり、自由な主体としての人間の可能性がある。しかしそれは人間にいかなる特権を保証するものでもない。自然は長い営みのなかから自然の一部として人間を生みだし、人間の活動を媒介として自己自身を開示する。人間の自然認識は自然の自己開示であった。

場の量子論が開示する現代科学の自然認識の地平は近代科学のそれと著しく異なっている。近代科学は自然（物体）と人間（精神）の実在的区別を前提として自然を対象的に認識する客観的な自然認識の体系として成立した。自然は人間の主観から独立に客観的に存在する実体であった。これに対して、人間は自然から切り離された認識主体として自然の外に立つものと位置づけられていた。これによって対象的自然を客観的な自然法則にしたがう自然現象として記述することが可能となった。自然は機械的法則にしたがう要素的実体の集合であった。このような法則的知識の体系として近代科学は成立した。そしてそれは法則的知識にもとづく自然の操作的支配に道を開くものとなった[14]。こうして人間は自然に対する支配者としての位置を確保した。近代テクノロジーは人間が自然を支配する関係を自覚的に組織したものとしてあった。

そこには近代科学の成果を近代科学の枠組みで管理する構造があった。近代テクノロジーは近代科学の成果の相次ぐ実用化によって増殖を続けた。それは生産力と破壊力の増大をもたらし、近代国家の無批判な自己主張と自己拡大を支え続けた。その延長線上に核兵器が登場したことはいうまでもない。しかし核兵器は相対性理論と量子力学がなければ生まれることのなかった兵器であり、場の量子論の地平に誕生した現代科学の所産であった。それは近代テクノロジーの内部に現代科学の成果を導入する形で生まれたものであり、そこには現代科学の成果を近代科学の枠組みで管理する構造があった。それは現代テクノロジーの成立であった。[15]現代テクノロジーは近代テクノロジーの延長線上に生まれたものであるが、その量的拡大にとどまるものではなく、そこに導入された現代科学の成果に起因する質的変容の契機を含んでいた。

現代テクノロジーは現代科学の枠組みのなかで活用すべき現代科学の成果を近代科学の枠組みのなかに封じ込め、その枠内でコントロールできると考える誤謬と倒錯をそれとして自覚することなく含んでいた。しかしそのような科学の構造は原子核物理学以外の物理学や物理学以外の自然科学の分野においても、現代科学の研究を強く促す要因となり、それらの成果は相次いで実用化が進められていった。[16]そしてその結果として現代テクノロジーはその内部に大量の現代科学の成果を含むものと化している。地球的規模で構築されたネットワーク・テクノロジーも、目覚ましい発展を遂げた情報科学や生命科学もそのような科学の構造の所産であり、量子力学以後の現代科学の成果であった。こうした現代科学の成果はテクノロジーの変容を推進する駆動力となり、テクノロジーの変容を媒介として現代社会の構造的変容が進んでいる。

核兵器はその地球的規模の破壊力によって、国家と国家の関係にもとづいて世界を秩序づける国際社会の構造に不可逆的な変化をもたらし、地球的規模の構想力の自覚を求めていた。しかし核兵器だけが現代科学の成果ではない。現代科学の成果はさまざまな形で実用化が進められ、具体的な〈道具〉や〈装置〉となって現代社会のなかを広範囲に流通している。われわれの生活世界は量子力学で埋めつくされている。地球的規模で構築されたネットワーク・テクノロジーは、個性的で多様な具体的人間の活動を国境をこえた広がりへと解き放し、それらの活動を地球的規模で統合していく役割を果たしている。このようなテクノロジーの変容がつくりだす状況は、核兵器がつくりだした構造を核兵器なしで受け継ぐことを可能にするものといえよう。それは地球的規模の政治的統合を具体化する客観的条件を整備するものとなっている。

現代科学の自然認識と社会——原子的個から量子的個へ

近代市民社会は近代的自我として自己自身を自覚した個人から合理的に構成された社会であった。それは画一的で一様な抽象的人間から構成された社会であり、個性的で多様な具体的人間を包摂できない社会であった。それは個人という「部品」から「機械」のように組み立てられた社会としてあった。近代的個は原子的個であった。近代市民社会は個人という「原子」から「機械」のように組み立てられた社会であり、機械論的原子論にもとづいて構成された社会であった[17]。そこには近代科学の自然認識に呼応する構造をもつ社会がある。国民国家は近代市民社会を主権国家の枠内に秩序づける装置として誕生した。それは近代的自我として自己自身を自覚した個人を画一的な国民へと転化し、国民という「原子」から「機械」のように組み立てられた国家であった。

こうして国内的に政治的統合をなしとげた国家は、国際的に政治的主体としての資格を独占した主権国家として、国家と国家の関係にもとづいて秩序づけられた国際社会を構成する要素となった。それは主権国家という「原子」から「機械」のように組み立てられた社会であり、国際社会も機械論的原子論にもとづいて構成された社会であった。近代科学は自然を機械的法則にしたがう要素的実体の集合ととらえていた。そこには機械論的原子論にもとづいて構成された自然があった。近代市民社会は要素的実体としての原子的個を機械的法則にもとづいて秩序づける社会であり、近代市民社会の理念は近代科学の自然認識に呼応するものとしてあった。そしてその近代科学の自然認識は近代テクノロジーの基礎となり、近代テクノロジーの増殖は人間の自由度を著しく拡大した。それは国際社会の地球的規模への拡大をもたらした。

こうして主権国家と国際社会は一九世紀を通じて地球的規模へと拡大を続け、近代科学の自然認識と近代市民社会の理念は二〇世紀前半までに地球全域を覆いつくすに至った。しかしその二〇世紀前半という時代は、近代科学と異なる自然認識にもとづく現代科学が生まれ、大きく育っていった時期でもあった。相対性理論と量子力学から場の量子論へと進んだ物理学の革命は、一九四五年の広島と長崎への原子爆弾の投下を契機として二〇世紀後半以降の世界史の流れを大きく変えるものとなった。核兵器の地球的規模の破壊力は主権国家と国際社会をゆるがし、現代科学の自然認識は近代市民社会の理念を問うものとなった。近代的自我として自己自身を自覚した個人の原子的個としての限界が明らかとなり、対象的に実体化された原子的個は場所的方向に逆限定された量子的個へととらえ直されねばならなくなった(18)。

近代科学の自然認識に呼応する人間のあり方は原子的個であった。これに対して現代科学の自然認識に呼応する人間のあり方は量子的個でなければならない。それは「量子場の相互作用」の高度に発展した自覚的段階に位置する人間的社会における人間的実存の姿としてある。地球的規模で構築されたネットワーク・テクノロジーは、個性的で多様な具体的人間を国境をこえた広がりへと解き放し、そのような量子的個を「量子場の相互作用」的な関係のなかに統合していく構造をもっている。それは局所的に密度の高い共同性を成り立たせるとともに、それを閉鎖的な共同性としてではなく、地球的規模の関係性へと開いていくものでもある。それは生態系とよく似た構造をもつ人間的社会のあり方であり、地球的規模の政治的統合のあり方を示唆するものとして、地球社会の誕生を予告するものと考えなければならない。

近代テクノロジーは、近代科学の成果を近代科学の枠組みで管理する構造をもっていた。これに対して現代テクノロジーは、現代科学の成果を近代科学の枠組みで管理する構造をもっている。このような現代テクノロジーの構造はそれが過渡期の形態であることを示すものといえよう。そしてその過渡期の彼方に、現代科学の成果を現代科学の枠組みで管理する構造をもつテクノロジーが、地球社会の客観的基盤となるものとしてその姿を現す。個性的で多様な具体的人間である量子的個を、地球的規模で「量子場の相互作用」的な原理によって統合する地球社会こそ、現代科学の自然認識に正しく呼応する人間的社会のあり方にほかならない。現代社会は近代科学の自然認識に呼応する国際社会から現代科学の自然認識に呼応する地球社会への過渡期に位置する社会であり、核兵器の登場はそのような世界史的過渡期の起点となった。

核兵器はその地球的規模の破壊力によって国家の枠内に閉じた思考の限界を打破し、地球的規模の構想力を求めていた。そして地球的規模で構築されたネットワーク・テクノロジーは地球的規模の構想力の基盤となるものであり、核兵器がつくりだした世界史の構造の不可逆的な変化を核兵器なしで受け継ぐことを可能とした。地球的規模の破壊力をもつ核兵器も地球的規模で構築されたネットワーク・テクノロジーも、まぎれもなく量子力学以後の現代科学の所産であった。そこには現代テクノロジーに内在する現代科学の成果を駆動力として進行するテクノロジーの変容があり、そのようなテクノロジーの変容を媒介とした現代社会の構造的変容がある。それは歴史的世界が地球的規模で自覚的段階を迎えたことを示すものにほかならない。二〇世紀後半以降の世界史の位置づけを明らかにする

〈世界史の哲学〉が求められている。(19)

現代科学と西田哲学――場の量子論と場所的論理

西田幾多郎は世界と自己がそこに成立する究極の根底を「絶対無の場所」ととらえ、それを「絶対無」の自覚的限定面と考えた。絶対に無なるとともに絶対に有なるものであり、絶対矛盾的自己同一なる絶対無は「絶対無の自覚」において自己自身を自覚し、そこに「絶対無の場所」として自己自身を限定する。絶対無の場所はその逆対応的はたらきによって「叡智的世界」と「相対的無の場所」を逆限定し、叡智的世界と相対的無の場所を対象的契機として、そこに「歴史的世界」を逆限定する。場所が自己自身を限定することが場所に個物が逆限定されることであり、それは個物が場所において自己自身を限定することであり、個物と個物が場所において相互限定することである。そこに場所と個物の逆対応的関係がある。歴史的世界は「場所の自己限定」に逆対応した「個と個との相互限定」の世界である。

「全体的一と個物的多との矛盾的自己同一」は、このような歴史的世界の構造を定式化したものにほかならない。全体的一としての叡智的世界は相対的無の場所において自己否定的に個物的多となる。相対的無の場所は個物的多の成立する母胎であり、歴史的世界は個物的多の世界であった。叡智的世界と歴史的世界と相対的無の場所の関係は絶対無の場所に逆限定された関係であり、その逆対応的はたらきにつらぬかれていることを忘れてはならない。叡智的世界も相対的無の場所も歴史的世界にとって究極のものではない。世界は全体的一からでも個物的多からでもなく矛盾的自己同一からである。個物的多は全体的一の自己否定的多であり、全体的一は個物的多の自己否定的一である。そこに有るものはすべて場所に逆限定された場所的有であり、それは「場所の自己限定」に逆対応した「個と個との相互限定」としてある。

歴史的世界は絶対無の場所に逆限定された世界であり、その逆対応的はたらきにつらぬかれている。歴史的世界の成立と形成が「無の自覚的限定」としてとらえられるのはこのためにほかならない。絶対無の自覚における絶対無の場所の成立は時間の誕生であり、それは非可逆的な時間の成立であった。歴史的世界は絶対無の場所の逆対応的はたらきによってその成立の始元から矛盾的自己同一の構造をもち、永遠と時間の逆対応的関係のゆえに時間は非可逆的であった。このような歴史的世界の構造のゆえに物質的世界の成立が可能となり、物質的世界から生物的世界を経て人間的世界に至る場所的有の自覚的発展の過程が可能となった。人間的社会と人間的実存の誕生は「無の自覚的限定」の過程が自覚的段階を迎えたことを意味するものといえよう。場所的有の高度に発展した自覚的段階が場所的個にほかならない[20]。

西田哲学の場所的論理は物質的世界と生物的世界と人間的世界を統一的に理解する可能性に道を開くものであった。それは歴史的世界の論理的構造を明らかにするものにほかならない。人間は歴史的世界に限定された事物として他の物質や生物と何ら異なるものではない。人間はただそのことを自覚し得るという一点においてのみ他の物質や生物と区別されるものでしかない。人間はそのことを自覚することによって歴史的世界に限定された客体でありながら歴史をこえて歴史をつくる主体となる。そしてまさにその一点にこそ人間が人間であることの証があり、自由な主体としての人間の可能性がある。しかしそれは人間にいかなる特権を保証するものでもない。自己は世界の外にあって、外から世界を見るのではなく、世界の内にあって世界とともにはたらくものにほかならない。そこには「自己」から「世界」への転回があった[21]。

これまで見てきたことから明らかなように、場の量子論と場所的論理には共通した世界認識の構造と思惟の様式がある。場の量子論における「真空」を西田哲学における「絶対無」と考えれば、自発的に対称性の破れた真空は絶対無の場所となる。自発的に対称性の破れた真空のはたらきは、絶対無の場所の逆対応的はたらきにほかならない。「量子場の相互作用」の世界と「場所の自己限定」に逆対応した「個と個の相互限定」の世界における論理的構造の一致は明らかである。それは歴史的世界の論理的構造を開示するものにほかならない。そのほかにも両者の共通点は細部にわたって顕著なものがある。量子力学以後の現代科学の自然認識は場所的論理の地平に成立するものであった。そしてそのような現代科学の自然認識に呼応する人間のあり方は量子的個であった。量子的個が場所的個であることはいうまでもない。

そこには原子的個から量子的個への転回があり、対象的個から場所的個への転回がある。それは「自己から見る」という対象論理の立場から「世界から見る」という場所的論理の立場への転回であり、このような転回を大橋良介は「場所論的転回」とよぶ[22]。量子力学の誕生が現代科学における場所論的転回の起点となったことはいうまでもない。量子力学以後の現代科学は人間の自然認識と自己認識に変革を迫るものとしてある。しかしそれは単なる〈知識〉や〈観念〉として意識の変革を迫るだけではない。現代テクノロジーに内在する現代科学の成果は場所論的転回の契機であった。そのような場所論的転回の契機を駆動力とするテクノロジーの変容が現代社会に不可逆的な変化をもたらしている。現代社会は場所論的転回以前の社会から場所論的転回以後の社会への過渡期に位置する社会と考えるべきであろう。

おわりに

核兵器の地球的規模の破壊力は主権の行使にきびしい制約を課すものであり、主権国家としての近代国家は半主権国家としての現代国家へと不可逆的な変化を余儀なくされた。そこでは国家をこえた地球的規模の構想力が求められている[23]。しかし米ソ両国を含む大多数の国家は、自らの半主権国家としての運命を進んで受け入れたわけではない。それは消極的な半主権国家であった。これに対して自らの半主権国家としての運命を進んで受け入れた特異な国家があった。いうまでもなく「交戦権の否認」と「戦力の不保持」という原則によって「戦争の放棄」を定め「国権の発動たる戦争と、武力による威嚇又は武力の行使」を禁止する憲法をもつ戦後の日本である。日本国憲法第九条は主権の行使にきびしい制約を課すものであり、自らの半主権国家としての本質を公然と掲げるものにほかならない。それは積極的な半主権国家であった。

日本国憲法第九条は国家の最高法規が主権の発動にきびしい制約を課すことで、核兵器が国家に課したきびしい制約を肯定的にとらえ返したものにほかならず、核兵器がつくりだした世界の構造を核兵器なしで受け継ぐ決意を示すものといえよう。それは核なき世界への道を指し示す世界の道標であった。戦後の日本は核兵器の存在に限界づけられた時代の最先端に位置する国家としてある。そして地球的規模で構築されたネットワーク・テクノロジーは、個性的で多様な具体的人間の活動を国境をこえた広がりへと解き放し、そのような人間の無限に多様な活動を地球的規模で統合していくものとなっている。それは核兵器の地球的規模の破壊力が求める地球的規模の構想力を具体化する客観的条件を整備するものにほかならない。そしてそれは日本国憲法第九条の理念を日本をこえて世界へと広げていくものになっているといえよう。

地球的規模の破壊力をもつ核兵器を生みだし、地球的規模のネットワーク・テクノロジーをつくりだした現代テクノロジーは、現代科学の成果を近代科学の枠組みで管理する構造をもち、そこには場所論的転回以前の枠組みの内部に場所論的転回の契機を含む構造がある。そしてそのような場所論的転回の契機を駆動力とするテクノロジーの変容が現代社会に不可逆的な変化をもたらしている。半主権国家としての現代国家は、場所論的転回以前の社会から場所論的転回以後の社会への過渡期に位置する国家の形態であった。消極的な半主権国家は場所論的転回以前の国際社会の残影に呪縛された国家であり、積極的な半主権国家は場所論的転回以後の地球社会の誕生に自らの運命を託した国家である。日本国憲法第九条は場所論的転回の過程である世界史的過渡期において場所論的転回以後の社会への道を指し示す世界の道標となっていた。

量子力学以後の現代科学、とりわけ場の量子論の自然認識を西田哲学の場所的論理に媒介することで、二〇世紀の後半以降の世界史を歴史的世界のなかに定位することができた。[24] 西田哲学は「日本の哲学」であって「日本」に閉じない「世界の哲学」であった。そのような世界の哲学である西田哲学は世界史の哲学としての姿を現した。世界史の哲学としての西田哲学が描く未来は、テクノロジーの変容の彼方に登場する地球社会であった。二〇世紀の後半以降に進んだテクノロジーの変容によって、西田哲学の世界認識は歴史的世界のなかに実在的基盤を獲得することとなった。テクノロジーの変容から生まれる社会は地域的な自律性と多様性を保持しつつ、それを自閉的な共同性に閉じた社会としてではなく、地球的規模で構築されたネットワークを通じて、つねに地球的規模の開放的な関係性のなかに開いていく社会としてある。

それはさまざまな生物種が重層的に折り重なることで、地域的な自律性と多様性を保持しながらも、そこで自閉的なシステムとして完結することなく、多様な物質循環を通じて地球的規模のシステムへと開かれている生態系とよく似た構造をもつ社会であるといえよう。そこではテクノロジーとエコロジーは対立するものではなく、相携えて地球社会へと向かう世界史の行方を指し示すものとなる。それは地球的規模で自然と人間が共存する社会を建設することにほかならない。このような世界においてはいかなる戦争も「勝者なき戦争」となるしかない。それだけでなく「地球の環境がもはや戦争に耐えられない」状態にあることを忘れてはならない。(25) 日本国憲法第九条の「戦争の放棄」は地球的規模の構想力の前提となるものでなければならない。九条は〈日本の九条〉にとどまることなく〈世界の九条〉とならなければならない。

日本国憲法の平和主義は「一国平和主義」ではない。戦後の日本は核兵器の地球的規模の破壊力に呼応して芽生えた、地球的規模の構想力の萌芽を守り続けた世界史の解放区であった。それが「一国平和主義」の偽装を必要としたのは、地球的規模の構想力を具体化する客観的条件が未成熟だったからにほかならない。九条は〈日本の九条〉という擬態を身にまとうことで過渡期の国際環境を生き延びてきた。テクノロジーの変容がもたらした客観的条件の成熟を経て、九条は〈日本の九条〉という擬態を脱ぎ捨て〈世界の九条〉として世界へと発信すべきときを迎えている。日本が〈九条〉を失うことは世界が〈九条〉を失うことである。それは核なき世界への道を指し示す世界の道標を失うことにほかならない。それは世界が未来を失うことである。日本国憲法の平和主義に地球と人類の未来が託されていることを忘れてはならない。

（1）クラウゼヴィッツ『戦争論』上巻（篠原英雄訳、岩波文庫、一九六六年）二九頁参照。
（2）拙著『核時代の思想史的研究』（北樹出版、一九八五年）九―二六頁、三二一―三八四頁参照。
（3）同右。
（4）拙著『日本革命の思想的系譜』（北樹出版、一九九四年）五―二五頁、四五―八一頁参照。
（5）ヴァイツゼッカー『心の病としての平和不在――核時代の倫理学』（遠山義孝訳、南雲堂、一九八二年）一五一―五六頁参照。
（6）拙著『全共闘運動の思想的総括』（北樹出版、二〇一〇年）三五五―三七〇頁参照。
（7）京大荒勝研究室の原子核物理学の研究と原子爆弾開発計画の関係、湯川秀樹のそれらへの関与については、政池明『荒勝文策と原子核物理学の黎明』（京都大学学術出版会、二〇一八年）参照。
（8）同右。
（9）同右。
（10）前掲『核時代の思想史的研究』一六二―一六六頁、二三四―二四三頁参照。相対性理論と量子力学の形成過程については、広重徹『物理学史Ⅱ』（培風館、一九六八年）四六―一九八頁参照。
（11）中西譲『場の量子論』（培風館、一九七五年）、南部陽一郎『素粒子論の発展』（岩波書店、二〇〇九年）、他参照。
（12）梯明秀は歴史的世界の成立と形成を「全自然史的過程」とよぶ。そしてその全自然史的過程は「宇宙史的過程」「生物史的過程」「社会史的過程」から構成される。歴史的世界の全過程を「量子場の相互作用」の自覚的発展の過程と捉える視点は「全自然史的過程」を場の量子論の地平からとらえ直したものといえよう。梯明秀『全自然史的過程の思想』（創樹社、一九八〇年）参照。
（13）久松真一『覚と創造』（『久松真一著作集』第三巻、理想社、一九七一年）三四―五四頁参照。

(14) 伊東俊太郎『近代科学の源流』(中央公論社、一九七八年)二九九―三〇一頁参照。
(15) 前掲『全共闘運動の思想的総括』九六―一一二頁参照。
(16) 広重徹『近代科学再考』(朝日新聞社、一九七九年)五四―八四頁参照。
(17) 三木清はこのような機械論的原子論を「ゲゼルシャフト的アトミズム」とよぶ。そして「近代的ゲゼルシャフトの行き詰まりに対して新しいゲマインシャフト的社会が形成されねばならぬ」と指摘し、そのうえで「もとよりこのゲマインシャフトは昔のゲマインシャフトと同じものであることができず、ゲゼルシャフトの要素を自己のうちに止揚したものでなければならぬ」と述べている。そこに近代市民社会の理念をこえる手がかりがある。三木清「形の哲学とゲマインシャフト」『三木清全集』第十巻(岩波書店、一九六九年)四六二―四六四頁参照。
(18) 前掲『全共闘運動の思想的総括』一三一―一八九頁参照。
(19) 三木清はこれからの哲学は「歴史哲学」でなければならず、しかも単なる「歴史哲学」ではなく「世界史の哲学」でなければならないと述べている。「世界史の全体の過程についての歴史哲学的構想」と「時代に対する認識と結び付いた構想力」が今こそ求められているといえよう。三木清「世界史の哲学」『三木清全集』第十巻、四三五―四四二頁参照。
(20) 秋月龍珉『鈴木禅学と西田哲学の接点』(『秋月龍珉著作集』第八巻、三一書房、一九七八年)八四―八六頁、一六六―一六九頁参照。
(21) 藤田正勝『西田幾多郎』(岩波書店、二〇〇七年)一一四頁参照。
(22) 大橋良介『西田哲学の世界』(筑摩書房、一九九五年)六九―一〇〇頁、二一九―二二二頁、他参照。
(23) 地球的規模の破壊力は人類が直面する「否定的絶対無」にほかならない。しかもこの「否定的無」は「自然的無」ではなく「人為的無」であることを最大の特徴とする。この否定的絶対無を肯定的絶対無へと転じるところに地球的規模の構想力が成立する。前掲『覚と創造』三四―五四頁参照。
(24) 梯明秀は量子力学の「場の理論」に西田哲学の「無の場所」を適用することで「無の場所」の論理を唯物論化することを考えていた。場の量子論の自然認識を西田哲学の場所的論理に媒介することで、西田哲学の論理はその射程を大きく拡大することができた。それは梯の構想を継承するものといえよう。前掲『全自然史的過程の思想』三四九―三五九頁参照。
(25)　加藤尚武『戦争倫理学』(筑摩書房、二〇〇三年)二〇六頁参照。

滝沢神学と天皇制——イエスと天皇

一

滝沢神学に対し宗教間対話に道を開くものとして高い評価がある一方で、天皇制をめぐる言説について少なからぬ疑問や批判が提起されている。(1) 滝沢は戦争中に執筆した論文「誠と取引」のなかでつぎのような発言をしている。

我々が天皇によって生れ、天皇によって死するということは、あらゆる反対の外見にも拘らず、単なる古代人の錯覚ではなくして、深く我々の存在の根柢を穿った真理であると思うのである。皇孫の天降りたまいし日の如く、今日も亦いきいきと動きつつある事実であると思うのである。天皇の御言のままに生き且死するということが、今日の我々にとっても亦、物そのものの事理にかなえる、唯一の合理的な生き方であると考えざるを得ないのである。(2)

現人神にましまず天皇は、現神にていますと共に、又現人にておわしますのである。即ち、我々の錯覚に基く架空の神でなくして、我々が絶対に随順すべき現実の主にていましながら、畏くもまた単に外見上の人ではなくして、生れ、学び、愛し、悩み、そうして死んでゆく我々と、全く異るところなき、現実の人にてましますのである。(3)

この論文は、戦後は伏せられたままであったが、滝沢の死後に公にされた。「あとがき」で富吉建周が「ご自身愛着されていた論考である(4)」と述べているように、滝沢自身はこうした考えを戦後も一貫して抱き続けた。敗戦後の一九四六年には「かたくなにもわたくしは、敗戦後さいわいにして皇室に対する赤裸々な論議の許されるようになった今日もなお、すべてこれらのことについてのわたくしの確信をうごかすことができない(5)」と記しており、さらに戦後に執筆された「神、人間および国家」では、わが国の「国体」について「歴史的に現象したもろもろの『国体』のなかで最も見事な・きわめて稀れな・一典型である。したがってそれはまた、それら相互のあいだの関係において、それ自体一つの最も適切な、是非曲直の判断の尺度として役立ちうるであろう(6)」と語っている。

そこには天皇制神話と天皇制国家の枠内に自足する滝沢の姿がある。「誠と取引」おける天皇と国体をめぐる言説は「神、人間および国家」を経て、戦後の論考に一貫して受け継がれている。日本の国体に対する確信は微動だにしていない。したがってそこにおける国体論的言説は、時局に迎合した時代の産物などではなく、インマヌエルの原事実に呼応する発言であり、それゆえ滝沢神学の核心にかかわるものといわなければならない。そこに国体論者・滝沢克己の秘められた本質がある。滝沢は自らの国体論者としての本質を隠し、戦後社会のなかで密かに国体護持の闘争を続けてきた。彼の考える「世界国家」は、日本の国体を地球的規模へと拡大し、天皇のもとに世界を統合するものであり、日本の天皇を世界の天皇にしようとするものにほかならない(7)。

そこには「八紘為宇」の思想に通じるものがある。滝沢を国体イデオロギーの正統な継承者と見なすこともできよう(8)。彼は世界国家誕生の日まで、日本の国体を守り続けることを自らの使命と考えていた。しかし滝沢は狂信的な国体論者ではない。滝沢神学はインマヌエルの原事実にもとづいて、天皇制神話と天皇制国家を基礎づける哲学であり、それゆえ「滝沢は国体論者である」と断罪するだけでは問題の所在は明らかにならない。滝沢神学の核心に踏みこんで、その問題点を内在的に解明しなければならない。滝沢神学と天皇制の関係は、周辺に放置しておいてよい課題ではなく、むしろ中核に位置づけて検討すべきものといえよう。

二

滝沢克己は自己成立の根底を「神人の原関係」に求め、それをカール・バルトにならって「インマヌエルの原事実」とよぶ。そしてそこには神と人との絶対に不可逆な関係がある。さらに彼はこの論的な「第一義のインマヌエル」が歴史的実存論的な「第二義のインマヌエル」として現成するところに歴史的世界が成り立つ。人間的実存は第一義のインマヌエルに呼応して第二義のインマヌエルを実現すべく生まれてきた。イエスはそのことを自覚し、第二義のインマヌエルを典型的に実現した人であった。それが「イエスは神の子キリストである」ということの意味でなければならない。イエスはどこまでも神とは不可逆的に区別された人であった。第二義のインマヌエルを第一義のインマヌエルと混同することは忌むべき偶像崇拝にほかならない。

これに対してバルトは、イエスの生れたその時その処にはじめて、インマヌエルの事実そのものが発生したと考えた[9]。「人の子イエスが即ち神の子キリストである」。イエスは「まことの神が、まことの人である」ことによってキリストであった。人はイエス・キリストを信じることによってのみ、インマヌエルの神とつながり、救済に与ることができる。それゆえ聖書と教会の外に信仰の可能性はない。このようなバルトの主張に対して滝沢は「イエスの誕生によってインマヌエルの事実が始めて発生したのではない」「インマヌエルの事実がその時その処に始めて生成したと信じることは、よし何らかの天使がそれを告げ、全教会がそれを宣言しようとも、全くの倒錯だといわなくてはならない」と断言し、「彼は、インマヌエルの事実そのものから聖霊によって出立しながら、いつの間にかイエスの肉体を神秘化し神格化してしまった」と批判する[10]。

滝沢神学はこの「バルト神学になお残るただ一つの疑問」への批判を通じて形成された。[11] 第一義のインマヌエルはイエスの誕生に先立ってすべての人のもとにあり、第二義のインマヌエルはイエスを含むすべての人に開かれている。イエスは第二義のインマヌエルを典型的に実現した人であるが、どこまでも神とは不可逆的に区別された人であった。インマヌエルの原事実をこのように考えると、第二義のインマヌエルを実現した人が、聖書と教会の外に見出されたとしても、なんら不思議なことではない。滝沢神学が宗教間対話に道を開くものとなる所以である。戦後の滝沢はキリスト教と仏教の対話に精力的に取り組み、釈迦や親鸞に第二義のインマヌエルの実現を見ていた。第一義のインマヌエルと第二義のインマヌエルの関係は、禅における「仏性」と「見性」の関係に通じるものがあり、滝沢神学と大乗仏教との共通性も指摘されている。

キリスト教はインマヌエルの原事実を、イエス・キリストに独占的に帰属するものとして、聖書と教会という自閉的空間に封印するものにほかならない。それは聖書と教会の外における信仰の可能性を排除するものであり、バルト神学もその例外ではなかった。滝沢神学はインマヌエルの原事実を、この自閉的空間から解放するものとしてあった。それは大乗仏教の思想を、キリスト教神学の用語を用いて再構成したものと考えることができる。そしてそのようなものであるがゆえに、キリスト教と仏教の対話に道を開くものとなる。それが西田哲学からバルト神学を経て、滝沢がたどり着いた地点であった。滝沢はバルト神学と出会う以前に、すでに西田哲学との出会いを通じて、聖書と教会の外における信仰の可能性を確信していた。それは滝沢における回心であり、その体験は滝沢を「バルト神学になお残るただ一つの疑問」へと導いていった。

三

日本の国体において「現人神にましますと共に、現神にていますと共に、又現人にておわします」「我々が絶対に随順すべき現実の主にていましながら」「我々と、全く異るところなき、現実の人にてましますが、ましますが」。このような日本の国体における現人神としての天皇のあり方は、キリスト教におけるイエス・キリストのそれと酷似している。イエスは「まことの神が、まことの人である」ことによってキリストである。「我々が絶対に随順すべき現実の主」である神の子キリストは、「我々と、全く異るところなき、現実の人」である人の子イエスであった。イエスが第一義のインマヌエルに呼応して第二義のインマヌエルを典型的に実現した人であるなら、天皇も同じように第二義のインマヌエルを典型的に実現した人と考えなければならない。それらはインマヌエルの原事実という共通の基盤のうえに成り立つものにほかならない。

キリスト教はインマヌエルにおける第一義と第二義の区別を認めず、インマヌエルの原事実をイエスの誕生という歴史的に一回限りの出来事によって発生したものと見なし、イエス・キリストを信じること以外に、いかなる救済の道もあり得ないと主張する。その一点について、バルトも認識を共有していた。したがってその一点を含めてバルト神学を受け入れるなら、もはや天皇と国体が存立する余地はどこにもないであろう。「我々が絶対に随順すべき現実の主」はイエス・キリスト以外にないからである。国体論者・滝沢克己にとって、そのような事態はとうてい受け入れられるはずもなかった。バルト神学を受け入れたうえで、天皇と国体の存立を可能とする論理が必要であった。滝沢が「バルト神学になお残るただ一つの疑問」への執拗な批判をくり返したのはそのためであった。滝沢克己によるバルト批判は国体護持の闘争としてあった。

滝沢神学はバルト神学に対する国体護持の闘争を通じて形成された。イエスと天皇はいずれも第一義のインマヌエルに呼応して、第二義のインマヌエルを実現した「現実の人」であり「我々が絶対に随順すべき現実の主」としてあった。第一義のインマヌエルにおける神と人との絶対に不可逆な原関係にもとづき、第二義のインマヌエルにおける人と人との関係にも、相対的ではあるがやはり不可逆な秩序が必然的にともなってくる。「人間が神とただちに一つであり、そこに主と従の関係が宿っているという事実（人間の本質）から、人間社会には必然的に主なる中心・従なる周辺という秩序が帰結する。これが（滝沢の言う）国家である」[12]。第二義のインマヌエルを典型的に実現したイエスと天皇のもとに、国家の本質（国体の本義）を体現する二つの国家が成立する。一つは「神の国ユダヤ」であり、もう一つは「神の国日本」であった[13]。

しかし「神の国ユダヤ」では「すべての予言者よりも偉大なるもの、『ユダヤの王』ナザレのイエスを十字架に釘けるに及んで、作られた形としてのユダヤの国家は跡形もなく潰え去った」[14]。これに対して「神の国日本」では、万世一系の天皇と金甌無欠の国体が「連綿たる皇統を通じて今日まで伝えられて来ているのである」[15]。したがってインマヌエルの原事実に正しく呼応する国家はもはや「神の国日本」しか残されていない。それゆえ来るべき世界国家の原型となるのは日本の国体のみということになる。しかしそれは中心と周辺という不可逆な秩序をもつ構造が、地球的規模へと拡大した体制となるしかない。国体論者・滝沢が思い描く世界国家は、天皇制神話と天皇制国家という自閉的空間に世界を封印するものであり、中央集権的な管理体制と権力支配のメカニズムが、地球的規模で世界を覆いつくした「世界帝国」以外の何ものでもない[16]。

四

インマヌエルの原事実は「決定するものなき決定」として「原決定」であり、それゆえ「無の決定」としてある。「無の決定」は「無の自覚的限定」であり、神人の原関係は「無の場所」に成立する関係にほかならない。西田幾多郎は自己成立の根底を「無の場所」ととらえ、それを「相対的無の場所」と「絶対無の場所」に区別する。絶対に無なるとともに絶対に有なるものであり、絶対矛盾的自己同一なる「絶対無」は「絶対無の自覚」において自己自身を自覚し「絶対無の場所」として自己自身を限定する。絶対無の場所は逆対応的に「叡智的世界」と「相対的無の場所」を逆限定し、叡智的世界と相対的無の場所を機縁として「歴史的世界」を逆限定する。歴史的世界は「無の自覚的限定」の世界であり、「場所の自己限定」に逆対応した「個と個の相互限定」の世界である。そこに全体的一と個物的多との矛盾的自己同一の関係が成立する。

全体的一としての叡智的世界は相対的無の場所において自己否定的に個物的多となる。相対的無の場所は個物的多の成立する母胎であった。叡智的世界と歴史的世界と相対的無の場所の関係は絶対無の場所に包まれ、そこに逆対応的に逆限定された関係であることを忘れてはならない。全体的一と個物的多との矛盾的自己同一は絶対無の場所に成立する関係であった。この全体的一としての叡智的世界を対象的方向に考えたものがプラトンのイデア界である。それは対象的方向に超越的な世界であり、それ自体で成り立つ世界であった。個物的多の母胎となる相対的無の場所は無規定の場に当たるものといえよう。個物的多から構成される歴史的世界は生成界に当たり、それはイデアを分有するものであり、イデアが場に映し出す似像の集合であった。そこに西田哲学との類似性を見てとることができる。しかしプラトン哲学には絶対無の場所がない。

西田哲学はプラトン哲学の全体を絶対無の場所に包まれたものとしてとらえ直すことによって成立した。[17] そこには対象論理的思惟から場所的論理的思惟への転回がある。このような転回を大橋良介は「場所論的転回」とよぶ。[18] プラトン哲学は対象論理的思惟を高度に組織した哲学の原型であり、そこにおける絶対無の場所の欠落は対象論理的思惟の究極の限界を示すものとしてある。滝沢神学は西田哲学よりむしろプラトン哲学と著しく親和的であるといえよう。滝沢は国家を精神面の「国体」と物質面の「政体」という二つの側面に区別し、政体は生成消滅するが国体は永遠不滅であると主張する。そこには「不滅の魂」と「死すべき身体」との不可逆的な区別があり、不滅の魂のみが永遠不滅のイデアに与ることができる。国体は国家の魂であり、政体はその身体であった。国家の本質（国体の本義）は永遠不滅の国家のイデアにほかならない。

滝沢の国家論はプラトンの『国家』に生き写しである。イデア界と生成界との不可逆的な区別は、世界を縦の方向に秩序づけるものであり、国家における中心と周辺との不可逆的な区別も、人と人との関係を縦の方向に秩序づけるものとならざるを得ない。花咲皐平は「著者の行論を追うと、君主制の積極的弁証はなされるが、民主制の積極的弁証はなされがたい様相を呈している[19]」と指摘している。西田哲学では「場所の自己限定」に逆対応した「個と個の相互限定」から、無限に多様な個と個の関係を横から横へと水平的につなぐ共同性がでてくるが、滝沢神学では神と人との不可逆な関係から、人と人とを上から下へと垂直的に秩序づける縦の関係性しかでてこない。滝沢神学は対象論理的思惟の究極の限界をプラトン哲学と共有している。そこに場所論的転回はない。そしてまさにその一点において滝沢神学は西田哲学と明確に区別される。

五

滝沢神学と西田哲学は場所論的転回の以前と以後で明確に区別される。そこには薄皮一枚へだてて無限の距離が横たわっていた。そしてその距離はこの二人の思想家の天皇制に対する立場の際立った違いとなって現れている。これまで見てきたことから明らかなように、滝沢神学は天皇制を基礎づけるための哲学であり、天皇制と内的に結びつく論理的必然性があった。しかし「西田哲学は天皇制を基礎づけるための哲学ではなく、天皇制と内的に結びつく論理的必然性はない[20]」。滝沢克己の国体論的言説は滝沢神学の論理から生じた必然的帰結であるが、西田幾多郎のそれは西田哲学の論理から生じた必然的帰結とはいえない。西田の一連の発言にまとわりつく国体論的言説は、西田哲学の用語を用いた天皇制の基礎づけと見なすこともできるが、哲学的には完全な失敗であり、西田哲学の論理を覆い隠しているベール以上のものではなかった[21]。

天皇制は場所的論理的思惟の地平に成立する事物を対象論理的思惟の枠組みで管理する構造をもち、それゆえ場所論的転回の可能性を場所論的転回以前の枠内に封印する体制としてある。それは対象論理的思惟の究極の限界に直面し、その限界線上に場所論的転回以前の枠組みを守るために構築された体制であり、それゆえ場所論的転回の可能性を可能性のまま封印する構造であった[22]。そこには世界を縦の方向に秩序づける体制がある。滝沢神学はこのような体制を基礎づける哲学にほかならない。それは場所論的転回の可能性を抑圧し、場所論的転回以前の枠組みを擁護する論理としてあった。封印を解除することなどできるはずもなかった。これに対して西田哲学の論理はこの封印を解除する力を秘めている。それは場所論的転回以前の枠組みを内から解体し、場所論的転回の可能性を場所論的転回以後の世界へと解き放すものとなっている[23]。

場所の自己限定には逆対応のゆらぎがともない、このゆらぎが不可逆的な時間を生みだす。そしてこの不可逆的な時間のゆえに、無限に多様な個と個の相互限定の世界が可能となる。こうして歴史的世界に逆限定された無数の個はいずれも取りかえのきかない、かけがえのない唯一的個であり、いずれかの個が他の個に対して特権的な地位にあると主張することはできない。イエスや天皇といえども、そのような特権的な地位は保証されていない。それゆえ歴史的世界において典型的な存在であることを排他的に主張することもできない。第二義のインマヌエルにおける相対的に不可逆な関係は、縦方向に中心と周辺との不可逆的な区別として現成するのではなく、横方向に相互に交換不可能な個と個の関係として現成するものでなければならない。しかしそのような関係が第一義のインマヌエルにおける絶対に不可逆な関係からでてくることはない。

滝沢は西田哲学の逆対応には不可逆の契機が十分でなく、不徹底であると批判しているが、滝沢神学の不可逆は歴史的世界における不可逆的な時間も、無限に多様な相互に交換不可能な個と個の関係も説明することができない。西田哲学の逆対応は歴史的世界の多様性を基礎づけることができるが、滝沢神学の不可逆は歴史的世界の多様性を疎外する論理となっている。神と人との絶対に不可逆な関係は、すべてに先立つ究極の根底ではなく、全体的一と個物的多との矛盾的自己同一の関係であり、絶対無の場所に成立する関係であった。滝沢は神人の原関係が絶対無の場所に成立する関係であることに十分自覚的であったとはいえない。滝沢の西田に対する批判は対象論理の平面からなされたものでしかなく、場所的論理の地平にまで届いているとはいえない。滝沢の「回心」は対象論理的思惟の枠内での転回であり、場所論的転回ではなかった。(24)

六

滝沢神学は国体護持の闘争を通じて国体護持の哲学として形成された。それは一君万民の国体論を基礎づける論理としてである。そこでは一君と万民との不可逆な秩序が神と人との不可逆な関係によって正統化されている。それは西田哲学ともバルト神学とも異質な哲学であるといわねばならない。滝沢神学が宗教間対話に道を開いたことは確かだが、それは排他的な宗教意識をもたない日本人が、天皇と国体のもとで育まれてきたことを寿ぐためであったと考えることもできよう。彼は真正の国体論者であった。しかし問われるべきは滝沢が国体論者であったかどうかではなく、その哲学の妥当性でなければならない。このような彼の「独特の思考」について、三島淑臣はつぎのように述べている。

無論、こうした先生の独特の思考に問題がないわけではない。例えば、かの「神人の原関係」を厳密に客観的かつ「科学的」に捉えるという先生の基本的意図が（「死すべき人間」において）果たして先生が考えられていたような形で貫徹可能なのか、また、先生の人間存在理解において神―人の垂直的関係が圧倒的比重をしめ、生身の人間的生に組み込まれた根源的「共同性」という水平的契機の重要性が十分考慮されていないのではないか、等々、といった問題である。[25]

これまで見てきたことからすでに明らかなように、ここで指摘されている点は、いずれも滝沢神学の究極の限界にかかわる問題である。滝沢は客観的で科学的な認識の限界に無自覚であった。彼の「客観的」や「科学的」という概念の理解は、古典力学に代表される近代科学の水準にとどまり、量子力学以後の現代科学にまでその射程は届いていない。滝沢は主観から独立に客観的世界が存在し、それを対象的に余すところなく明晰判明に認識できるという確信を抱き続けたように見受けられる。そこには対象論理的思惟の独断に足をとられた滝沢の姿がある。量子力学の誕生は現代科学の成立であり、そこには自然認識における革命的な変革があった。[26]量子力学以後の現代科学における客観性や法則性の概念の変更をふまえた議論がなければならない。

水平的な「共同性」の重要性は滝沢神学に欠落しているもっとも深刻な問題であるといえよう。一君万民の国体論は一君を離れた万民の存在を許容しない。それゆえ万民と万民の関係は、つねに一君との縦の関係を媒介することでしか形成されない。それは万民を天皇と国体という自閉的空間に封印するものにほかならない。われわれはその自閉的空間を解体し、万民を世界へと解き放す論理を必要としている。滝沢神学の不可逆の思想がその課題に応えるものでないことはいうまでもない。天皇と国体を永遠不滅なものと見なすことは、歴史的世界に逆限定された相対的形を、歴史をこえて存続するものとして神秘化し神格化することであり、非歴史的な思考でしかない。不可逆的な時間が生みだす歴史的世界の多様性をふまえた議論が必要であるといえよう。

天皇制神話と天皇制国家は歴史のある時点で生まれた相対的形でしかなく、非歴史的に永遠不滅のイデアとして存在するものではない。歴史的に長期にわたって存続してきたからといって、これからも未来永劫にわたって変わることなく続いていく保証はない。天皇制の成立と存続が可能となった歴史的条件を解明し、それをふまえた議論をしなければならない[27]。滝沢神学の論理はそのような思考の可能性を閉ざすものといえよう。滝沢は一君万民の国体論の前に立ちすくんでいる。滝沢が立ちどまった地点にとどまることはできない。一君万民の国体論を解体し、一君を必要としない万民と万民の関係を横から横へとつなぐ共同性を追求すべきであろう。

（1）　家永三郎「日本人の思想としての仏教とキリスト教」『家永三郎集』第三巻（岩波書店、一九九八年）二一五―二四九頁、鈴木亨「滝沢克己の遺された解明すべき問題点」『鈴木亨著作集』第五巻（三一書房、一九九七年）

三七二—三八九頁、他参照。
（2）滝沢克己「誠と取引」『神のことば人の言葉——宗教・歴史・国家』（創言社、一九八五年）一六六頁。滝沢の著作からの引用は、読みやすさを考えて、旧字・旧仮名は新字・新仮名にあらためた。以下同じ。
（3）同右書、一九〇頁。
（4）同右書、富吉建周「あとがき」二四四頁。
（5）同右書、二四七頁。
（6）滝沢克己「神、人間および国家——いわゆる『天皇制』批判の方法に関する一省察」『滝沢克己著作集』第九巻（三一書房、一九七四年）三六七頁。
（7）滝沢克己『バルトとマルクス』（三一書房、一九八一年）一二五—一三〇頁参照。
（8）杉田俊介「宗教多元主義思想についての批判的考察——滝沢克己を中心に」『基督教研究』（基督教研究会）第六九巻、第一号、二〇〇七年六月、三八—五四頁、杉田俊介「戦後の滝沢克己におけるキリスト教と国体思想——宗教間対話との関連で」同右誌、第七〇巻、第一号、二〇〇八年六月、七五—九一頁参照。
（9）滝沢克己『カール・バルト研究』（『滝沢克己著作集』第三巻、法藏館、一九七五年）三三九—三四〇頁参照。
（10）同右書、三三六—三四六頁参照。
（11）同右書、四三三—四六四頁参照。
（12）前田保『滝沢克己——哲学者の生涯』（創言社、一九九九年）九六頁。
（13）前掲『神のことば人の言葉』二〇三—二一七頁参照。
（14）同右書、二〇四—二〇五頁。
（15）同右書、二〇七頁。
（16）拙稿「地球社会学の構想——地球共和国への道」季報『唯物論研究』（季報『唯物論研究』刊行会）第一二九号、二〇一四年一一月、九六—一〇八頁（拙著『地球社会学の構想』（北樹出版、二〇二三年）一二二—一四二頁）参照。
（17）拙著『全共闘運動の思想的総括』（北樹出版、二〇一〇年）二八八—三〇二頁参照。

（18）大橋良介『西田哲学の世界──あるいは哲学の転回』（筑摩書房、一九九五年）参照。
（19）前掲『滝沢克己著作集』第九巻、花崎皋平「解説」五二五頁。
（20）竹内良知『西田幾多郎と現代』（第三文明社、一九七八年）一〇〇―一〇一頁。
（21）前掲『全共闘運動の思想的総括』一九三―二〇八頁参照。
（22）同右。
（23）同右。
（24）そこには神秘的直観と行為的直観の混同がある。
（25）三島淑臣「『共苦の人』滝沢克己」三島淑臣監修『滝沢克己を語る』（春風社、二〇一〇年）五頁。
（26）拙著『核時代の思想史的研究』（北樹出版、一九八五年）、他参照。
（27）拙著『日本革命の思想的系譜』（北樹出版、一九九四年）、他参照。

メディアの革命から革命のメディアへ――テクノロジーの変容の彼方に

はじめに

東大闘争全学共闘会議（東大全共闘）機関紙『進撃』第一一号は一九六九年五月二二日付の事務局編集委員会による闘争宣言「革命のメディアからメディアの革命へ」を掲載した。[1]「東大闘争はマス・コミの包囲下で闘われている」とはじまるこの論文は、自らの「闘うメディア」をつくりだし、マス・コミ労働者の闘いと連携して「既存のメディア」の変革を目指すものとしてあった。それは「革命のメディア」の創出による「メディアの革命」を志向するものにほかならない。[2]一九六〇年代から七〇年代にかけて、全共闘運動だけでなくベトナム反戦の市民運動や公害反対の住民運動などが高揚し、そのなかでさまざまな機関紙、アジ・ビラ、ミニ・コミなど多様な「闘うメディア」が創刊された。それらはたがいに連携しながら多様な運動をくり広げていった。[3]そこには「既存のメディア」に抗して創出された「革命のメディア」があった。

一九六八年に勃発した東大闘争と日大闘争を嚆矢とする全共闘運動は、一九六〇年代後半のベトナム反戦闘争や七〇年安保闘争といった政治的追い風のなかで急速に全国的規模の大衆運動へと拡大していった。それは新左翼運動と必ずしも明確な区別が困難な様相を呈しつつも、ノンセクト・ラディカルの学生たちを主要な担い手とする独自な展開をみせた運動であった。そこには運動のスタイルや担い手の多様性など、これまでの左翼学生運動とは明らかに異なる要素が含まれていた。それは左翼学生運動の伝統から逸脱する異端の運動としてあった。日大闘争に参加した三橋俊明はつぎのように語っている。

全共闘運動は、連合赤軍に象徴されるような政治党派の綱領や運動方針や指導者の指示命令とは無縁な「個人」が大集団となって異議申し立てへと起ち上がった社会運動でした。そうした実態に焦点をあてて考えるなら、全共闘はそれ以前の政治党派組織が指導していた学生運動とは切断された、まったく別な考え方に立脚した運動だったといえるでしょう。当時、同じように「個人」を立脚点にした社会運動が、米国のベトナム侵略戦争に抗議して起ち上がったベ平連（ベトナムに平和を市民連合）による反戦闘争や三里塚闘争・水俣病闘争など日本の各地で湧き起こっていました。(4)

全共闘運動は、誰かを代表し誰かから代表されるような組織の「リーダー」を作りませんでした。イデオロギーや政党や指導者の指示に従い、決められた通りに行動する統制された組織体ではありませんでした。個人がそれぞれの意志と規律に基づいて自由行動を共に展開し自己組織化していった運動体でした。[5]

一九六〇年の安保闘争に代表される戦後の学生運動は、主にマルクス主義を標榜する同盟の指示やそのイデオロギーにもとづいた組織的な活動によって担われていました。しかし日大・東大闘争に象徴される全共闘は、既存の組織とは違って無規則に変化し分散していく運動体でした。全共闘とは、自由な個人が集合して直接異議申し立てを展開していく運動に付けられた名称であり、多様に変化しながら連なっていく個人の自己組織化運動体を名指した記号だったともいえるでしょう。[6]

固定化した組織として指示命令されることを拒否し自由に連合する個人の愉快な異議申し立て運動が「全共闘スタイル」なのかもしれません。日大全共闘は、自律した個人がバリケードで場を直に治める「自主・自律・自治」に基づいたスタイルによって日大闘争を展開していったのでした。[7]

そこには個性的で多様な具体的人間がネットワーク状につながっていく関係性があり、中央集権的な管理体制と権力支配のメカニズムを無化する勢いがあった。

既存の組織は指導と被指導という固定的な縦の関係にもとづいて成立している。それは体制か反体制かにかかわらず共通する特徴であり、新左翼諸党派もその例外ではなかった。マス・コミという既存のメディアは情報の発信者と受信者という固定的な縦の関係にもとづいて成立しており、一方向的な情報の流れを通じて中央集権的な管理体制と権力支配のメカニズムを再生産する役割を果たしている。全共闘は既存の組織の指導と被指導という固定的な縦の関係を打破し、自由な個人がネットワーク状につながる流動的な横の関係をつくりだした。そこに全共闘の最大の特徴がある。それは発信者と受信者が瞬時に入れ替わる双方向的な情報の流れを生みだした。闘うメディアの連携が既存のメディアに対して革命のメディアとしての意味をもつのはこのためにほかならない。そこにメディアの構造に生じた不可逆的な変化を見てとることができる。

そこには情報の交換を通じて発信者と受信者が相互に入れ替わる無限に多様な相互作用がある。もはやそこにモノローグ的メディアがそれだけで存続する余地はない。エンツェンスベルガーはエレクトロニク・メディアの発達によってメディアの構造に生じた不可逆的な変化をふまえ、〈抑圧的メディア使用〉と〈解放的メディア使用〉について論じている。(8) メディアの構造に生じた不可逆的な変化は〈抑圧的メディア使用〉から〈解放的メディア使用〉への転回を促すものにほかならない。

抑圧的メディア使用	解放的メディア使用
中枢指令プログラム	権力分散的プログラム群

一人の伝達者、多数の受容者	各受容者は潜在的伝達者
孤立化した個人の不可動化	大衆の可動化
受動的な消費者としての態度	参加者の相互作用、フィードバック
脱政治化過程	政治学習過程
スペシャリストによる生産	集団的生産
所有者または官僚によるコントロール	自己組織化による社会的コントロール

全共闘運動のなかで生まれた闘うメディアの連携する姿は〈解放的メディア使用〉のすべての条件を満たしている。それはエレクトロニク・メディアの発達によって生じたメディアの構造における不可逆的な変化に呼応するものとしてである。メディアの革命は〈解放的メディア使用〉の地平に構想されなければならない。小阪修平は全共闘とＩＴ技術についてつぎのように述べている。

> 自発性・現場性・当事者性・対等性を重視した運動形態こそが全共闘の本質なのである。現在でも意味があるのは、全共闘のスタイルとしての特徴なのではないかと、ぼくは思う。七〇年代以降の市民運動や日常的な活動、他人への態度のなかに、全共闘運動の特徴は十分とは言えないかもしれないが、受け継がれていったのだとぼくはかんがえている。全共闘はいつでも、どこでも、だれでもできると言ったら言い過ぎかもしれないが、目の前で何かこれは絶対におかしいという課題が存在した時、全共闘的

なスタイルは現在でも可能であり、ＩＴ技術が進歩した現代の世界で全共闘的なるものは、ネットワークを通じて連結していく可能性をより大きくしたと言えるのではないか。[9]

本章の目的は、メディアの構造に不可逆的な変化をもたらしたネットワーク・テクノロジーに着目し、地球的規模で構築されたネットワーク・テクノロジーが引き起こしたメディアの革命の実相を明らかにすることである。そしてそのメディアの革命が人びとに託した新しい革命のメディアとその可能性についても考えてみたいと思う。

現代科学の誕生——自然認識の転回

近代市民社会は近代的自我として自己自身を自覚した個人から合理的に構成された社会であり、個の主体性を究極の根拠とする社会であった。それは個の主体性を場の共同性から解放することで成立した社会であり、場の共同性を否定する社会としてあった。そこにおける個の主体性は場の共同性に媒介された多様性や地域性から切り離された普遍的で抽象的な個の主体性であった。それは個と個の共同性を媒介する内的契機を欠落した個の主体性であり、それゆえ孤立した個の主体性であった。近代市民社会は予定調和的な個と個の共同性の実現という根拠のない期待にもとづいて成立する社会であった。それが個と個の共同性を媒介する外的契機として国家という「リヴァイアサン」を必要としたのはそのためにほかならない[10]。近代国家は近代市民社会を主権国家の枠内に秩序づけ、予定調和的な個と個の共同性を管理する装置として誕生した。

近代的個は原子的個であった。近代市民社会は原子的個としての個人を「部品」として構成された「機械」のような社会であった。それは機械論的原子論にもとづいて構成された社会としてあった[11]。このような機械論的原子論が近代科学の自然認識に呼応するものであることはいうまでもない。近代科学は自然（物体）と人間（精神）の実在的区別を前提として、対象的に自然を認識する客観的な自然認識の体系として成立した。自然は認識主体としての人間の主観から独立かつ客観的に存在する機械的法則にしたがう要素的実体の集合と考えられた。このような近代科学の原型となったものこそ一七世紀に天文学と力学において自己を確立した物理学にほかならない。いうまでもなくニュートン力学がそれである。そこには自然（物体）を構成する要素として質点（粒子）があり、それらの運動を支配する数学的に整序された法則があった。

それは機械的法則にしたがう要素的実体の運動を記述する物理学であった。このような法則的知識の体系として近代科学は誕生した。そしてそれは法則的知識にもとづく自然の操作的支配に道を開くものとなった[12]。近代的自我として自己自身を自覚した人間は近代科学の自然認識をふまえ自然を支配する主体としての立場を獲得した。しかしそこには自らもまた機械的法則にしたがう要素的実体として、法則的知識にもとづく操作的支配の対象となる運命が待ち受けていた。近代市民社会は近代科学の自然認識に呼応する社会として成立した。それは機械論的原子論によって構成された社会にほかならない。そこには機械論的原子論によって構成された自然と機械論的原子論によって構成された社会があった。近代の世界は機械論的原子論に呪縛された世界であり、そのような世界が近代的自我として自己自身を自覚した人間が生きる世界であった。

一七世紀にニュートン力学において確立された近代科学の自然認識は、一八世紀を通じて力学以外の物理学や物理学以外の自然科学の分野へと広がり、一九世紀にはそれらの分野は相次いで機械論的原子論にもとづく近代科学としての存在証明を獲得していった。そして近代科学の自然認識は近代テクノロジーの基礎となり、近代テクノロジーの増殖は近代市民社会の急速な発展の駆動力となった。そこには機械論的原子論の一元的な有効性への確信があった。法則的知識にもとづく自然の操作的支配は人間の自由度を著しく拡大し、近代科学の自然認識と近代市民社会の理念は一九世紀後半から二〇世紀前半にかけて地球的規模で世界を覆いつくすに至った。しかし一九世紀後半ともなると機械論的原子論の一元的な有効性への確信はゆらぎはじめ、物理学においても「粒子（質点）の物理学」に対して「波動（場）の物理学」が形成されていった。

粒子の物理学が非連続的な個々の粒子の運動を記述する物理学であるのに対し、波動の物理学は連続的な媒質の運動を記述する物理学であった。この波動の物理学は一九世紀末までにマクスウェル電磁気学を生みだし、物理学はニュートン力学とマクスウェル電磁気学という二大体系をもつものとして完成された。波動の物理学においても自然現象を機械的法則にしたがう要素的実体の運動として認識する近代科学の枠組みは維持されているが、その要素的実体を非連続的な個々の粒子と考えるか連続的な媒質と考えるかで、粒子の物理学と波動の物理学は異なっていた。それゆえ波動の物理学は機械論的原子論の一元的な有効性に疑問を提起するものとなった。この粒子の物理学と波動の物理学の統一という課題は二〇世紀へと引き継がれ、そこから相対性理論と量子力学という二〇世紀の物理学における最大の発見がもたらされた。[13] それは機械論的原子論をゆるがすものとなっていった。

相対性理論と量子力学は時空と物質の概念に革命的な変化をもたらした。時間と空間は独立に存在するものではなく、絶対時間と絶対空間という近代科学の基礎となる概念は時空の相対性という概念に置きかえられた。自然現象は時間と独立な空間のなかで起こる現象ではなく、時空のゆらぎやひずみである場の相互作用として起こる現象と理解されている。物質の運動は場のゆらぎの伝播であり、物質と物質の間にはたらく力は場のゆらぎを媒介とした相互作用であった。さらに物質はすべて粒子性と波動性の二重性をもつことが明らかとなり「粒子でもなく波動でもなく、しかも、粒子でもあり波動でもある」ものとしてとらえ直された。量子力学はこのような物質の二重性を統一的に記述する体系として建設された。それは粒子の物理学と波動の物理学を統一する物理学としてあった。そこには自然認識の枠組みにおける転回があった。

物質現象に内在する二重性の統一的記述は不確定性原理によって担保される。この不確定性原理によって自然現象を支配する機械的法則は確率的法則としてとらえ直されることとなった。それは人間の自然認識における有限性を明らかにすることを通じて、自然と人間の関係に根本的な変革を迫るものとなっている。自然を人間の主観から独立かつ客観的に存在するものとしてとらえつくすことは不可能となり、自然の客観性は認識主体としての人間の主観を含む全体的地平においてのみ確保されるべきものとなった。自然は人間を含んで自然であり、自らもその一部である人間が自らをその一部として含む自然を認識する。それが量子力学の自然認識の構造であった。このような量子力学の自然認識が近代科学のそれと明確に異なるものであることはいうまでもないであろう。量子力学の成立は近代科学と明確に区別された現代科学の誕生であった[14]。

量子力学の不確定性原理は人間の自然認識にかかわる認識論的原理にとどまるものではなく、自然の本質に由来する存在論的原理と考えるべきであろう。自然の本質に由来する不確定性がなければ、自然は永久に機械的運動を続ける物質的世界にとどまり、生物も人間も発生する余地がないことになるからである。量子力学の自然認識は自然の本質に由来する不確定性をふまえ人間を含む自然の構造を明らかにする。それは人間の存立基盤にまで届く射程をもっていた。人間はこのような自然の本質に由来する不確定性のなかから生まれてきた。自然はその長い営みのなかから人間を生みだし、人間の活動を媒介として自己自身を開示する。そこでは全体から切り離された認識主体を考えることも、認識主体から独立な客観的世界を考えることもともに擬制でしかないこととなる。人間はもはや自然に対する特権的な立場を守り続けることはできない。

場の量子論の地平——歴史的世界の構造

量子力学を相対性理論の要請を満たす形で定式化すると「場の量子論」（相対論的量子論）となる。場の量子論は「粒子でもなく波動でもなく、しかも、粒子でもあり波動でもある」ものとしてとらえ直された物質を「量子化された場（量子場）」の概念で把握し、物質現象を「量子場の相互作用」として記述する理論である。場の量子論の特徴は物質の生成消滅を記述できる点にあり、すべての物質がそこから生成しそこへと消滅する究極の基底状態として「真空」が考えられている。それは物質がまったく存在しない物理的状態と定義される。そして重要なことはこの真空が対称性を自発的に破っている点にある。[15] この真空における対称性の自発的な破れゆえに、すべての物質はそこから生成しそこへと消滅するものとしてそこに限定される。それは一瞬一瞬の生成消滅の連鎖のなかにある。それが「物がある」ということにほかならない。

自然界には厳密には成り立たず、その破れも必ずしも小さいとはいえないが、それでも無視することのできない対称性が数多く発見されている。このような自然界における対称性の破れを真空における対称性の自発的な破れに求めるのが「自発的対称性の破れ」の考え方である。[16] 真空における対称性の自発的な破れゆえに、真空から生成した物質は真空へと消滅してしまうことなく、そのような真空に支えられて「量子場の相互作用」として現象することが可能となる。世界は真空における対称性の自発的な破れに始まる。それは宇宙の始元であり物質の根源であった。自発的に対称性の破れた真空の成立は時間の誕生であり、それは非可逆的な時間の成立としてあった。宇宙はその始元においてすでに真空における対称性の自発的な破れに起因するゆらぎやひずみを含み、非可逆的な時間に限界づけられていた。それは歴史的世界の誕生であった。

このような歴史的世界の構造ゆえに「量子場の相互作用」としての物質現象が可能となり、さらに物質的自然から生物的自然を経て人間的自然に至る歴史的自然の成立と形成が可能となった。そしてこの歴史的自然の成立と形成をふまえ人間的社会と人間的実存が姿を現す。したがって宇宙の始元と物質の根源に発し生命の発生と人類の誕生を経て社会の形成に至る歴史的世界の全過程は「量子場の相互作用」の自覚的発展の過程として解釈することができるであろう。[17] 人間的社会と人間的実存はこうした歴史的世界の長い営みのなかから生まれてきた。それは「量子場の相互作用」の高度に発展した自覚的形態と考えることができよう。場の量子論が開示する地平は物質的世界と生物的世界と人間的世界を歴史的世界において統一的に理解する可能性に道を開くものであった。それは歴史的世界の論理的構造を明らかにするものにほかならない。

人間は歴史的世界に限定された事物として他の物質や生物と何ら異なるものではない。人間はただそのことを自覚し得るという一点においてのみ他の物質や生物と区別されるにすぎない。しかしその一点は決定的なまでに重要な意味をもつ。人間はそのことを自覚することによって歴史的世界に限定された客体でありながら歴史をこえて歴史をつくる主体となる。[18] そしてまさにその一点にこそ人間が人間であることの証があり、自由な主体としての人間の可能性がある。しかしそれは人間にいかなる特権を保証するものでもない。現代科学の自然認識は人間が自然の一部であり自然の内にあって自然とともに生きる存在であることを明らかにした。それは自然の外にあって自然の外から自然を支配する特権的な立場を人間に保証した近代科学の自然認識を明確に否定するものにほかならない。そこに自然（物体）と人間（精神）の実在的区別はない。

このような現代科学の自然認識に呼応する人間の自己認識は近代科学の自然認識に呼応するそれと同じであることはできない。近代科学の自然認識に呼応する人間のあり方は個の主体性を根拠とする原子的個であった。それは場の共同性を疎外する個の主体性であり、個と個の共同性を媒介する内的契機をもたない自閉的な個の主体性であった。近代市民社会が個と個の共同性を媒介する国家という外的契機を必要としたのはこのためであった。これに対して現代科学の自然認識に呼応する人間のあり方は個の主体性と場の共同性を統一する個と個の共同性を根拠とするものでなければならない。粒子性と波動性の二重性を統一的に記述する量子力学の枠組みと、個の主体性と場の共同性を統一する人間のあり方の論理的構造における同一性はもはや明らかであろう。このような人間のあり方を原子的個に対して量子的個とよぶことにしよう。

場の量子論は物質を「量子化された場」としてとらえ、物質現象を「量子場の相互作用」として記述する。粒子は粒子としての個別性を維持しつつ、場の相互作用の無限の広がりを媒介として他の粒子とつながっていく。場のゆらぎやひずみが粒子となり、そのような場のゆらぎやひずみの伝播が粒子と粒子の間にはたらく力を媒介する。場のゆらぎやひずみが粒子の生成消滅を通じて無限に多様な物質的世界をつくりだす。それは対称性の破れにつらぬかれた世界であった。そしてそのような物質的世界におけるゆらぎのなかから生命が芽生え、無限に多様な生物的世界が形づくられていった。さらに生物的世界におけるゆらぎのなかから人類が姿を現し、無限に多様な人間的世界の成立となった。量子的個としての人間は「量子場の相互作用」の自覚的発展の過程を経て到達した「量子化された場」の高度に発展した自覚的形態にほかならない。

量子的個は「量子場の相互作用」がつくりだす場のゆらぎを媒介として他の量子的個と関係を結び、そこに無限に多様な個と個の共同性をつくりだす。そこには対象的方向に実体化された原子的個から場所的方向に逆限定された量子的個への転回がある。それは個性的で多様な具体的人間を画一的で一様な抽象的人間の迷宮から救いだすものにほかならない。自然と人間の関係における転回は人間と人間の関係における転回に通じていた。それは機械論的原子論に呪縛された世界から自然と人間を解き放すことである。現代科学の自然認識は近代科学の自然認識を問うにとどまらず、近代市民社会の理念を根底から問うものとなっていた。現代科学の自然認識に呼応する社会は、量子的個としての人間を「量子場の相互作用」的な関係のなかに統合する社会であり、個の主体性と場の共同性を統一する新しい個と個の共同性を根拠とする社会としてである。

現代科学は歴史的世界の論理的構造を明らかにすることを通じて人間の自然認識と自己認識に革命的な変革を迫るものとなっていた。それは自然と人間の関係の回復を通じて人間と人間の関係の回復をもたらすものにほかならない。しかしそれは単なる〈知識〉や〈観念〉として人びとに自然認識と自己認識の変革を迫るだけではない。現代科学の成果はさまざまな形で実用化が進められ、現代テクノロジーを構成する要素としてすでに大きな社会的広がりをもつに至っている。(19) 現代科学の成果は具体的な〈道具〉や〈装置〉という形で現代社会のなかを広範囲に流通している。そしてそれらの〈道具〉や〈装置〉はいずれも現代科学の所産であり、現代科学の自然認識に規定された〈道具〉や〈装置〉として現代社会のなかに深く浸透している。現代テクノロジーに内在する現代科学の成果は現代社会に構造的変容を引き起こす要因となっている。

現代テクノロジーの成立——テクノロジーの変容と人間

近代テクノロジーは近代科学の自然認識の地平に法則的知識による自然の操作的支配を組織したものであった。そこには近代科学の成果を近代科学の枠組みで管理する構造がある。現代テクノロジーが近代テクノロジーの延長線上に登場したことはいうまでもない。しかしそれは近代テクノロジーの量的拡大にとどまるものではない。現代テクノロジーは近代テクノロジーの内部に現代科学の成果を導入することではじめて可能となったものだからである。それは現代科学の成果を近代科学の枠組みで管理する構造の成立であった。[20] 近代世界史は近代テクノロジーの増殖を駆動力として近代科学の自然認識が地球的規模で世界を覆いつくしていく過程としてあった。現代テクノロジーの成立はこのような世界史の転換点となった。二〇世紀後半以降の世界史は現代テクノロジーに内在する現代科学の成果が引き起こした不可逆的な変化のなかにある。

現代科学の成果はさまざまな形で実用化が進められ、現代テクノロジーを構成する不可欠の要素としてすでに大きな広がりをもつに至っている。しかしそれらの成果は現代科学の自然認識の枠組みのなかで実用化が進められてきたわけではない。現代テクノロジーは近代テクノロジーの内部に現代科学の成果を導入する形でつくられたものだからである。それは近代テクノロジーの延長線上に位置するものであり、現代科学の成果を近代科学の自然認識の枠組みのなかに導入し、その枠内で利用するためにつくられたものにほかならない。そこには現代科学の成果を近代科学の自然認識の枠組みのなかで管理し利用する構造があった。それは現代科学の自然認識の枠組みのなかで活用すべき現代科学の成果を近代科学の自然認識の枠組みのなかに封じ込め、その枠内でコントロールできると考える誤謬と倒錯をそれとして自覚することなく含んでいた。

しかしこのような科学の構造は現代科学の研究を強く促すものとなり、それらの研究成果は相次いで実用化へと進んでいった。[21]とりわけ電子情報テクノロジーの発展は顕著であり、電子情報テクノロジーの高密度な展開は地球的規模で構築されたネットワーク・テクノロジーを生みだした。目覚ましい発展をとげた情報科学や生命科学もそのような科学の構造の所産であり、いずれも量子力学以後の現代科学の成果であった。現代科学の成果を近代科学の枠組みで管理する構造は、近代科学の成果を近代科学の自然認識の枠組みのなかで管理し利用する構造をもつ近代テクノロジーの内部に、それと異なる自然認識を刻印された現代科学の成果を積極的に導入する役割を果たしていた。現代テクノロジーはその内部に現代科学の成果を大量に含むものとなっている。そこには近代科学と現代科学の自然認識をめぐるきびしい闘ぎ合いが含まれていた。

それは現代テクノロジーが過渡期の形態であることを示すものにほかならない。テクノロジーは近代科学の地平に組織されたものから現代科学の地平に組織されたものへと不可逆的な変化の過程をたどっている。そこにおける近代科学と現代科学の自然認識をめぐるきびしい闘ぎ合いは近代科学の枠組みの解体を加速し、現代科学の成果を近代科学の枠組みから解放するものとなっている。そして現代科学の成果の増殖はテクノロジーの変容を促し、現代テクノロジーを現代科学の地平に組織されたものへと導く要因となっている。近代科学は自然の外にあって、外から自然を支配する人間の立場を正統化した。これに対して現代科学は自然の内にあって、自然のなかで生きる人間の姿を明らかにする。これからのテクノロジーは自然の外から自然を支配するテクノロジーではなく、自然の内にあって自然と共存するテクノロジーでなければならない。

ネットワーク・テクノロジーは人間から独立して存在し、人間とは独立に作動するシステムではない。人間が外から操作する装置でもない。それは個性的で多様な具体的人間の無限に多様な活動を含み、人間の恒常的な介在なしには存在することも作動することもできないシステムとなっている。無限に多様な部品や装置から構成されるシステムと無限に多様な人間の活動の相互作用によって無限に多様な場のゆらぎが生じ、こうした場のゆらぎが人間の自由度を担保する。そしてそこに人間と人間の相互作用が生じ、そのような相互作用がつくりだす場のゆらぎのなかに自由な主体としての人間の存立基盤がある。このようなネットワーク・テクノロジーが生みだすシステムと人間の関係が、量子力学の自然認識から明らかになった人間を含む自然の構造のなかに成立する自然と人間の関係を反映するものとなっていることはもはや明らかであろう。

著しい発展をとげているＡＩ（人工知能）やロボットについても、人間から独立して存在し、人間とは独立に作動するものと考え、その延長線上に未来の可能性を論じる言説がまま見受けられる。しかしこれまで見てきたことからも明らかなように、それらも人間との関係のなかで考える必要がある。ＡＩやロボットと人間が共存する関係を考えることなしにそれらの可能性を語ることは、現代科学の成果を近代科学の枠組みで管理する構造のなかに自足する知的惰性以外の何ものでもない。それは現代科学の成果を近代科学の自然認識の平面に射影してその幻影をながめているにすぎない。それは現代科学の自然認識に無自覚な知のあり方であるといわざるを得ない。そのような知的に怠慢な姿勢から未来のテクノロジーの姿が明らかになることはない。ＡＩやロボットと人間の相互作用のなかに未来のテクノロジーのあり方を構想すべきであろう。

生命科学や環境科学などの諸分野からも、物質的自然と生物的自然と人間的自然の統一的な理解につながる数多くの成果が得られている。生命科学はＤＮＡの二重らせん構造の発見により物質的自然と生物的自然の関係を解明する手がかりをつかみ、さらに人間の生命を射程に収めることで生物的自然と人間的自然の関係を明らかにしようとしている。生命の世界も機械論的原子論を拒否するものとしてある。[22] 環境科学や地球科学は生態系や地球システムの解明を通じて、それらが人間から独立して存在し、人間とは独立に活動するシステムではなく、人間をその不可欠の一部として含むシステムであることを明らかにした。それらもまた相互作用がつくりだす場のゆらぎのなかにある。生態系の危機や地球温暖化などの顕在化により、自然の一部である人間は自らの行為が自然に及ぼす影響を考えて行動しなければならないことが明らかとなった。

このような現代科学の諸分野のなかで明らかになった自然と人間の関係は、もはや近代科学の自然認識における人間が自然を支配する関係ではあり得ず、自然と人間が共存する関係でなければならない。現代科学の自然認識は量子力学のそれを起点とするものであるが、物理学にとどまるわけもなく、現代科学の諸分野に共通する普遍的認識と考えるべきであろう。そのような現代科学の成果を近代科学の枠組みから解放しなければならない。そしてそれは自然の外から自然を支配するテクノロジーから、自然の内にあって自然と共存するテクノロジーへの変容の過程を最後まで歩き通し、現代科学の地平に組織されたテクノロジーの誕生を見届けることにほかならない。人間が自然を支配する関係は人間が人間を支配する関係に通じていた。これに対して自然と人間が共存する関係は人間と人間が共存する関係に通じていると考えることができよう。

ネットワーク・テクノロジーとメディア――地球社会への展望

近代科学の自然認識に呼応する人間のあり方は原子的個であった。これに対して現代科学の自然認識に呼応する人間のあり方は量子的個でなければならない。それは「量子場の相互作用」の高度に発展した自覚的段階に位置する人間的社会における人間的実存の姿である。地球的規模で構築されたネットワーク・テクノロジーは個性的で多様な人間を国境をこえた広がりへと解き放し、そのような量子的個としての人間の無限に多様な活動を「量子場の相互作用」的な関係のなかに統合していく構造をもっている。それは局所的に密度の高い共同性を成り立たせるとともに、それを閉鎖的な共同性に自足するものとしてではなく、地球的規模の無限に多様な関係性へと不断に開いていくものでもある。それは生態系とよく似た構造をもつ人間的社会と人間的実存のあり方であり、現代科学の自然認識に呼応する社会のあり方を示唆するものといえよう。

近代市民社会は近代的自我として自己自身を自覚した個人から合理的に構成された社会であった。それは画一的で一様な抽象的人間から構成された社会であり、個性的で多様な具体的人間を包摂できない社会であった。それは個人という「部品」から「機械」のように組み立てられた社会としてあった。近代市民社会は個人という「原子」から「機械」のように組み立てられた社会であり、機械論的原子論にもとづいて構成された社会であった。そこには近代科学の自然認識の地平に組織された社会がある。国民国家は近代市民社会を主権国家の枠内に秩序づける装置として誕生した。それは近代的自我として自己自身を自覚した個人を画一的な国民へと転化し、国民という「原子」から「機械」のように組み立てられた国家であった。それは機械論的原子論にもとづいて構成された国家であり、近代科学の自然認識の地平に組織された国家であった。

こうして国内的に国民国家として政治的統合をなしとげた国家は、国際的に政治的主体としての資格を独占した主権国家として、国家と国家の関係にもとづいて秩序づけられた国際社会を構成する要素となった。国際社会は主権国家という「原子」から「機械」のように組み立てられた社会であり、それもまた機械論的原子論にもとづいて構成された社会であった。近代科学の自然認識の地平に組織された社会は、原子的個としての個人と原子的主体としての国家から構成された社会であった。これに対して現代科学の自然認識の地平に組織される社会は、量子的個としての人間を国家という閉鎖的な共同性から解放し、それを地球的規模で「量子場の相互作用」的な関係のなかに統合する地球社会でなければならない。二〇世紀後半以降の世界史は国際社会から地球社会への構造的変容の過程にあり、現代社会はそこに位置する過渡期の形態である。

現代テクノロジーは現代科学の成果を近代科学の枠組みで管理する構造をもち、それはテクノロジーが近代科学の自然認識の地平に組織されたものから現代科学の自然認識の地平に組織されたものへと不可逆的な変化の過程をたどっていることの証と考えなければならない。現代テクノロジーに内在する現代科学の成果は加速度的に増加の一途をたどっており、現代科学の成果を駆動力とするテクノロジーの変容は現代社会の構造的変容を引き起こす要因となっている。このようなテクノロジーの変容の彼方に、現代科学の成果を現代科学の枠組みで管理する構造をもつテクノロジーが、地球社会の客観的基盤を提供するものとしてその姿を現す。個性的で多様な具体的人間である量子的個の無限に多様な活動を「量子場の相互作用」的な関係のなかに統合する地球社会こそ現代科学の自然認識に正しく呼応する人間的社会のあり方にほかならない。

テクノロジーの変容から生まれる社会は地域的な自律性と多様性を保持しつつ、それを閉鎖的な共同性に自足する閉じた社会としてではなく、地球的規模で構築されたネットワークを媒介とした相互作用のなかで、地球的規模の開放的な関係性へと不断に開かれている地球社会としてである。それはさまざまな生物種が重層的に折り重なり、非生物的環境をも含む相互作用のなかで、地域的な自律性と多様性を保持しながらも、そこで閉鎖的なシステムとして完結することなく、多様な物質循環を通じて地球的規模のシステムへと不断に開かれている生態系とよく似た構造をもつ社会であるといえよう。そこではテクノロジーとエコロジーは対立するものではなく、相携えて地球社会へと向かう世界史の行方を指し示すものとなる。それは地球的規模で自然と人間が共存する関係を基礎として、人間と人間が共存する関係を組織する社会にほかならない。

このようなテクノロジーの変容はメディアの構造にも不可逆的な変化をもたらすものとなった。既存のメディアは印刷メディアであれ放送メディアであれ、情報の収集・加工・伝達に大勢の人員や大規模な設備を必要とし、中央集権的な管理体制と権力支配のメカニズムが貫徹する組織によって維持されていた。印刷設備や放送設備はだれもが簡単に入手し利用できるものではなかった。それゆえそこにおける情報の発信は一方向的であり、発信者はつねに発信者、受信者はつねに受信者という固定的な縦の関係が支配していた。ネットワーク・テクノロジーはこのようなメディアの構造を根底から覆すものとなった。そこでは端末をネットワークに接続するだけで、だれでもどこでも、そしていつでも自由な発信が可能となる。そこには情報の交換を通じて発信者と受信者が相互に入れ替わる双方向的な横の関係があり無限に多様な相互作用がある。

またネットワークに蓄積された膨大な知識と情報は、だれでもどこでも、そしていつでも自由にアクセスし自由に利用することができる。それは知識と情報の私的所有を無化するものであり、知識と情報の社会的所有を実現するものといえよう。既存のメディアは知識と情報の私的所有を基礎として成立していた。ネットワーク・メディアの登場は知識と情報の社会的所有を実現することによって既存のメディアの存立基盤を解体するものとなっている。個性的で多様な具体的人間はデジタル端末を操作するだけで、いつでもどこでも地球的規模で知識と情報の社会的所有に関与することができ、だれとでも瞬時につながりをもつことができる。地球的規模で構築されたネットワーク・テクノロジーは地球的規模の構想力の基盤となるものであり、ネットワーク・メディアは地球的規模の構想力を具体化していく強力な武器になるといってよいであろう。

このようなネットワーク・テクノロジーがもたらした状況を「メディアの革命」とよばずして、いったい何を「メディアの革命」とよべばいいのだろう。一人ひとりの手に握られたデジタル端末こそメディアの革命が人びとに託した革命のメディアであった。情報の収集・加工・伝達に特別な組織や人員を必要とせず、大規模な印刷設備や放送設備もいらないネットワーク・メディアと既存のモノローグ的メディアの違いは明白である。ネットワーク・メディアはエンツェンスベルガーのいう〈解放的メディア使用〉のすべての条件を満たしている。[23] そこには〈抑圧的メディア使用〉から〈解放的メディア使用〉への転回がある。ネットワーク・メディアと人間の関係はなお未成熟であり、その本質が正しく理解されているとはいえない。混乱ばかりが目につくことも否定できない。しかしそこに秘められた可能性を見落としてはならないであろう。

おわりに

二一世紀に入って以降、革命のメディアとしてのネットワーク・メディアの威力をまざまざと感じさせる出来事が世界で、そして日本でも頻発している。二〇一〇年末以来のアラブ諸国における一連の政治変動「アラブの春」では、既存のメディアを支配下に置き長期にわたる権威主義的体制を維持してきた政権が相次いで倒れ、そこにおけるネットワーク・メディアの役割に注目が集まった。その後のアラブ諸国の民主化が順調に進んだとはいえないが、それらの諸国では既存のメディアに変化が生じている。[24] アラブ諸国以外でもネットワーク・メディアを活用したさまざまな運動が政治に大きな影響を及ぼす現象が頻繁に見られるようになった。それらの現象がネットワーク・テクノロジーによってもたらされたメディアの革命の帰結であることに疑う余地はないであろう。そしてそのようなメディアの革命の影響は日本にも確実に及んでいた。

二〇一二年の原発再稼働反対のデモ、二〇一五年の安保法制反対闘争、あるいは二〇一七年の衆議院選挙で設立されたばかりの立憲民主党を野党第一党に押し上げた現象などで、ネットワーク・メディアが果たした役割は無視することができない。それのみではない。そこには自由な個人の主体的参加による横の関係があり、そこに集まった人びとは指導と被指導という固定的な縦の関係にもとづいて動員された集団ではなかった。[25] それらの運動には全共闘運動に通底する特徴を明確に見てとることができる。それは全共闘運動の時空をこえた再来であった。二〇一二年夏に国会周辺に集まった人びとを土屋達彦はつぎのように描いている。

かけつけた人は、「日本社会のあらゆる階層」といいたくなるほど、いろいろな人がいた。平均年齢をはじき出したら、三十歳代後半から四十歳代前半というところか。背広を脇にかかえる中年ビジネスマン、子ども連れの主婦、ＯＬや学生、カップルもいた。画家かミュージシャンか、芸術家ふうの人、障害者も外国人もいた。そして私と年齢が近い高齢者たち……。年の割には意外に張りのある彼らのシュプレヒコールに、周りの若い人たちが驚きいっぱい、尊敬ちょっぴりのまなざしを向けていた。

ほとんどが組織動員ではなく、個人が自由に参加してできあがった人々の大きなかたまりである。私はその集団から、いかにもうぶというか初々しさが伝わってくるのを感じた。

そういえば、一九六八年、日大、東大に全共闘が生まれた時も、同じ感じがした。なかでも校歌を歌いながらデモをする日本大学の「普通の学生」は、目頭が熱くなるほど感動的でさえあった。二〇一二年の金曜夜、私にとっては、あの時の全共闘の匂いが久しぶりによみがえってきたのだった。そして、国会近くに集まった自由な個人の初々しさを何度か目にしているうちに、私の思いは膨らんでいった。(26)

このような光景をわれわれは二〇一〇年代を通じてくり返し目撃することとなる。二〇一五年の安保法制反対闘争ではシールズという自主的に結成された学生組織が登場し、その活動を契機に運動の高揚が見られた[27]。二〇一七年の衆議院選挙で起きたことは、一九八三年の北海道知事選挙で横路孝弘の勝利をもたらした元日大全共闘書記長・田村正敏が仕かけた「勝手連」（横路孝弘と勝手に連帯する若者連合）を想起させるものがある[28]。そのような指導と被指導という一方向的な縦の関係とは異なる双方向的な横の関係が生まれ、そこに多くの人びとが結集したのは、メディアの革命が彼ら彼女らに託した革命のメディアによって、それらの人びとが〈解放的メディア使用〉を実践できるようになったからである。元東大全共闘代表・山本義隆は「全共闘」についてつぎのように語っている。

東大闘争は、実際には各学部・大学院のストライキ実行委員会や闘争委員会の集まりとして闘われたのであり、私たちはその総体的な運動体をはじめのうちは「共闘会議」と言っていました。それは文字通り共闘組織だったのです。それがひとつのまとまりのある運動体として存在しえたのは、安田講堂を占拠・解放し、そこに今までになかった学生・大学院生、そして一部の助手や医師のあいだの結集の軸と交流の場を作りだしたからに他ありません。東大闘争におけるバリケード空間というのは、単なる軍事的なものでもなければ、あるいは逆に象徴的なものにも留まらず、それ以上に学生・大学院生・研究者・研修医の間の新しい共同性を保証する場だったのです。

こうして私たちの「共闘会議」は、その呼称をいつのまにか「全共闘」に変えましたが、この言葉は、じつは日大から輸入したものです。

本当の意味での「全共闘」を作りあげたのは日大です。これは文句なしにそうです。一九六八年六月に闘争が始まって以来、きわめて短期間に、学部ごとに強力な行動隊を組織しただけではなく、一一学部で事実上一一個の大学があると称される超マンモス大学の全学的な司令塔としての情報局を形成した力量は瞠目すべきものです。日大全共闘だけのデモで、日大経済学部前の三崎町の道路が、比喩的な意味でではなく、現実に物理的に揺れたのですが、日大全共闘は、単にその圧倒的な動員力や、あるいは機動隊や武装右翼とのゲバルトにたいして強かったという点ですごかっただけではありません。日大闘争は、学生大衆の正義感と潜在能力を最大限に発揮せしめた闘争であり、その意味で掛け値なしに戦後最大の学生運動で最高の学園闘争だったと思います。ほんと、すごいです。いまでも涙がでてきます。そして実際、彼らは戦闘においてだけではなく運動を組織するという点においても、きわめて有能でした。[29]

そこには個の主体性と場の共同性を統一する新しい共同性の息吹きがみなぎっており、〈抑圧的メディア使用〉を打破する〈解放的メディア使用〉の実践があった。二〇一〇年代にくり返された運動はそれを受け継ぐものであり、ネットワーク・テクノロジーの地平に甦った全共闘運動の再来と考えることができよう。そこには量子的個としての人間が「量子場の相互作用」的な関係のなかに統合される社会の姿を感じさせるものがある。ネットワーク・テクノロジーは既存のメディアを無化するメディアの革命を誘起し、機関紙、アジ・ビラ、ミニ・コミなどに代わるデジタル端末という新しい革命のメディアを生みだした。その威力は圧倒的である。それは「IT技術が進歩した現代の世界で全共闘的なるものは、ネットワークを通じて連結していく可能性をより大きくしたと言えるのではないか」[30]という小阪修平の予感に呼応するものとしてある。

しかしネットワーク・メディアの実際は双方向的な〈解放的メディア使用〉としてではなく、一方向的な〈抑圧的メディア使用〉としてモノローグ的メディアのように使われている場合が多いように見受けられる。そこでは双方向的な情報の発信と受信の相互作用ではなく、一方向的な情報の発信が破壊的な衝突をくり返す「炎上」が頻発している。それはネットワーク・メディアの本質に無自覚な使い方によるものであり、そこには現代科学の成果を近代科学の枠組みで管理する現代テクノロジーの構造に内在する誤謬と倒錯に通底するものがある。それはテクノロジーの変容の彼方に登場する社会のあり方がいまだ十分に明確とはいえない過渡期に特有の現象と考えるべきであろう。ネットワーク・メディアと人間の成熟した関係をつくりだしていくことを通じて、現代科学の地平に成立する地球社会への展望を切り開いていかなければならない。

（1）『全共闘機関紙合同縮刷版』（群出版、一九八四年）四四頁参照。
（2）津村喬『全共闘——持続と転形』（五月社、一九八〇年）二六五—二八七頁参照。
（3）国立歴史民俗博物館特別展示図録『「一九六八年」——無数の問いの噴出の時代』（国立歴史民俗博物館、二〇一七年）参照。

（4）三橋俊明『全共闘、一九六八年の愉快な叛乱』（彩流社、二〇一八年）二九―三〇頁。
（5）同右書、一六四―一六五頁。
（6）同右書、一七二頁。
（7）同右書、一七三頁。
（8）エンツェンスベルガー『メディア論のための積木箱』（中野孝次・大久保健治訳、河出書房新社、一九七五年）九五―一三六頁参照。
（9）小阪修平『思想としての全共闘世代』（筑摩書房、二〇〇六年）二一四―二一五頁。
（10）ホッブズ『リヴァイアサン』第一巻（水田洋訳、岩波文庫、一九五四年）、第二巻（同、一九六四年）参照。
（11）三木清はこのような機械論的原子論を「ゲゼルシャフト的アトミズム」とよぶ。三木清「形の哲学とゲマインシャフト」『三木清全集』第十巻（岩波書店、一九六七年）四六二―四六四頁参照。
（12）伊東俊太郎『近代科学の源流』（中央公論社、一九七八年）二九九―三〇一頁参照。
（13）相対性理論と量子力学の形成過程については、広重徹『物理学史Ⅱ』（培風館、一九六八年）四六―一九八頁参照。
（14）拙著『核時代の思想史的研究』（北樹出版、一九八五年）一六二―一六六頁、および二三四―二四三頁参照。
（15）中西譲『場の量子論』（培風館、一九七五年）一四二―一五四頁参照。
（16）この業績によって南部陽一郎は二〇〇八年ノーベル物理学賞を受賞した。南部陽一郎『素粒子論の発展』（岩波書店、二〇〇九年）参照。
（17）それは梯明秀のいう「全自然史的過程」を場の量子論の地平からとらえ直したものといえよう。梯明秀『全自然史的過程の思想』（創樹社、一九八〇年）参照。
（18）久松真一『覚と創造』（『久松真一著作集』第三巻、理想社、一九八〇年）三四―五四頁参照。
（19）拙著『全共闘運動の思想的総括』（北樹出版、二〇一〇年）九六―一一二頁参照。
（20）同右。
（21）広重徹『近代科学再考』（朝日新聞社、一九七九年）五四―八四頁参照。

(22) 中村桂子『科学者が人間であること』(岩波書店、二〇一三年）八五―一三九頁参照。
(23) 前掲『メディア論のための積木箱』一一七―一一八頁参照。
(24) 千葉悠志「アラブ諸国における権威主義的体制を支えたメディアの考察――その形成と変容」『国際政治』(日本国際政治学会）第一七八号（特集「中東の政治変動」）二〇一四年一一月、八八―一〇一頁参照。
(25) 田村あずみ「カタストロフィの『消費』を超えて――ポストフクシマ反原発運動と新たな政治主体の登場」『立命館言語文化研究』(立命館大学言語文化研究所）第二六巻第四号、二〇一五年三月、一八一―一九七頁、田村あずみ『不安の時代の抵抗論――災厄後の社会を生きる想像力』(花伝社、二〇二〇年）参照。
(26) 土屋達彦『叛乱の時代』(トランスビュー、二〇一三年）一―二頁。
(27) SEALDs（自由と民主主義のための学生緊急行動）編『SEALDs　民主主義ってこれだ!』(大月書店、二〇一五年)、SEALDs『民主主義は止まらない』(河出書房新社、二〇一六年)、他参照。
(28) 横路孝弘と勝手に連帯する若者連合編『われら「勝手」に連帯す』(幸洋出版、一九八三年）参照。
(29) 山本義隆『私の一九六〇年代』(金曜日、二〇一五年）一五六―一五七頁。
(30) 前掲『思想としての全共闘世代』二一一五頁。

入江昭『歴史家が見る現代世界』講談社、二〇一四年

――「国家の歴史」から「世界の歴史」へ

入江昭は二〇世紀後半から二一世紀にかけて進行したグローバル化の進展のなかに、「国家の歴史」から「世界の歴史」への転換を読みとり、グローバルな枠組みのなかでとらえられた現代世界は、ナショナルよりグローバルな動き、国籍より「地球人」としての意識がつくりなそうとしているものであると指摘している。「世界の歴史」は「国家の歴史」の集合体ではなく、「人類の歴史」であり「地球の歴史」でなければならない。国単位の歴史研究が目に見えて変わり始めるのは、一九九〇年代に入ってからのことであり、国中心の「ナショナル・ヒストリー」から国際社会を視野に入れた「インターナショナル・ヒストリー」、そして世界各地、人類全体を研究対象とした「グローバル・ヒストリー」への流れがしだいに強くなっていくのを、入江自身も実感したし、その動きのなかにしだいに入っていくことになったと述べている。

入江昭はそのような歴史認識をふまえ、本書『歴史家が見る現代世界』で、揺らぐ国家と非国家的存在の台頭により、伝統的な「国際関係」はもはや存在しないこと、普遍的な「人間」の発見と、環

地球的結合という不可逆の流れが形成されていることを論じている。現代世界は過去と質的に異なってきており、過去のようにいくつかの国の集合体としての世界ではなく、横につながり、混合して、「雑種的」な文化や生活様式をつくりだす世界に近づいている。そしてそのような世界においては、個々の国の国益ではなく、地球全体、人類すべての生存、利害、福祉などを考えなければならないところまできている。これからの世界は現代史の流れに沿って、よりグローバルでトランスナショナルなつながりをもつ人間社会の建設、そして自然を含む地球との相互依存的な関係の確立を目指すことになろう。それが本書における結論である。

一九五三年に米国に留学した入江は、最初からグローバルな見方をもっていたわけではなく、国を単位とする歴史研究の枠組みのなかで、米国外交史や国際関係史を研究する歴史家として生きてきた。オーソドックスな欧米中心の「国家の歴史」に内在する歴史家としてあった。一九六〇年代、七〇年代には主として米国外交史を研究したり教えたりしていた入江が、もっと幅広くグローバルな動きに関心を向けるようになるのは、一九八〇年代後半になってからのことである。一九八六年に『二十世紀の戦争と平和』（東京大学出版会、二〇〇〇年に増補版）、一九九八年に『権力政治を超えて——文化国際主義と世界秩序』（岩波書店）、二〇〇一年に『平和のグローバル化へ向けて』（日本放送出版協会）と、グローバルな「世界の歴史」の枠組みをふまえた著書を刊行している。本書は著者の歴史認識を集約したものにほかならない。

そこで入江が重視しているのは、国家の保有する力ではなく、国家をこえて国家を制約し、地球と人類の歴史を領導する普遍的な文化の力である。国家の保有する力を代表するものは軍事力であり、伝統的な「国家の歴史」を支配してきたのは軍事力であった。国家は軍事力を占有し、「国家の歴史」に関与する主体としての資格を独占してきた。伝統的な「国際関係」が権力政治の枠組みで理解されるのはそのためにほかならない。近代以降の「世界の歴史」は、欧米中心の「国家の歴史」が地球的規模へと拡大していく過程であり、それは二〇世紀初頭までにほぼ世界を覆いつくすにいたった。二〇世紀前半はこのような「国家の歴史」が「世界の歴史」を僭称する構造の限界が露呈していった時代であり、二〇世紀後半から二一世紀にいたる時期は、「世界の歴史」が「国家の歴史」の桎梏から自らを解き放していく過程としてあった。

グローバル化の進展はヒト、モノ、カネ、情報の国境をこえた地球的規模での流通をもたらし、地球的規模で構築されたネットワーク・テクノロジーは、そのような現代世界の状況を決定的に加速するものとなっている。もはやそこに「国家」のみで構成される「国際関係」が存在する余地はない。軍事力の行使はいちじるしく困難であり、軍事力だけで解決可能な問題はほとんどない。経済や文化を国家に従属させようとする動きになお根強いものはあるが、そのような試みが実を結ぶことはないであろう。それは思考の惰性であり、知性の怠慢でしかないからである。地球的規模で構築されたネットワーク・テクノロジーが「国家の歴史」に閉じた思考の存続を許すことはない。入江昭の「国家の歴史」から「世界の歴史」へという歴史認識の転換は、地球的規模で構築されたネットワーク・テクノロジーの地平に成立するものといえよう。

E・H・カーは『危機の二十年』（原彬久訳、岩波文庫、二〇一一年）において、戦間期の国際関係の分析をふまえ、力の概念を中心にすえた、伝統的な権力政治の重要性を強調している。そしてそこでは軍事力にとどまらず、経済力や意見を支配する力についても言及されている。国際分野における政治権力は（a）軍事力、（b）経済力、（c）意見を支配する力という三つのカテゴリーに分類される。しかし伝統的な権力政治においては、それらの経済力や意見を支配する力といえども、国家の保有する力にほかならず、軍事力と結びついて役割を果たすべきものとしてあった。経済力が軍事力から切り離されることはありえないし、軍事力も経済力から分離されることはない。双方とも政治権力の不可欠の部分であった。そして権力の第三の形である意見を支配する力は、宣伝というすぐれて現代的な武器として位置づけられている。

意見を支配する力は、軍事力や経済力に勝るとも劣らず政治目的にとって本質的なものであり、これらふたつの力とつねに密接な関係にある。意見を支配する力が重要となった理由は、政治の基盤が拡大し、政治的に重要な意見をもつ人びとの数が増大したことにある。ラジオ、映画、出版物が宣伝の手段として利用可能となったことも無視することはできない。国家はそれらの手段を中央集権的統制のもとにおき、意見を支配する力を大衆の意見を形成し方向づける技術として組織的に行使するようになった。しかしそれは国内的な大衆動員の手段として行使されるにとどまらず、対外政策の正規の手段としても組織的に行使された。宣伝は国家の政治的武器としてあった。意見を支配する力については、軍事力や経済力とまったく同じ視点で論じられている。それは国家の保有する力であり、国家の枠内で役割を果たすべきものであった。

人類に大きな影響を与えてきた政治思想は、その大半が普遍的原理と称するものにもとづいており、それゆえ理論的には国際的性格をもっていた。そしてそれらの思想は権力から切り離され、国際的宣伝によって育てられた国際的意見としてあった。しかし宣伝は国家というホームグランドをもって初めて、そして軍事力・経済力と結びついて初めて、政治的な力として効力を発揮するのである。国際連盟と同連盟のための宣伝がたどった運命は、それを例証するものにほかならない。国際連盟は「人類の組織された意見」の表明の場であり、この「人類の組織された意見」は諸政府の軍事力・経済力を統制すべきものとしてあった。国際世論は権力の最大の手段であった。そしてこうした意見は、国境をものともしない国際的宣伝によってつくられるはずであった。しかし戦間期の国際関係は国際的意見の力への期待を裏切るものとなった。

国家権力から切り離された国際世論の有効性を信じることができないとすれば、意見を支配する力は、その性格において軍事力・経済力と事実上区別することはできないだろうし、十分な権力および技術的手段があれば人を信じさせえないものは何もないということにもなるであろう。しかし宣伝の力は無限ではない。意見を支配する力を軍事力・経済力と同列に扱う場合、それでもなおわれわれが留意しなければならないのは、自分たちがいまやただ単に物質的な要因を扱っているのではなく、人間の思想や感情を論じているのだということである。カーはこのように述べている。一貫してリアリストの立場から意見を支配する力を論じてきたカーは、ここにいたってユートピアニズムに通底する地点から、意見を支配する力を制限するふたつの方法へと論を進める。そこには『危機の二十年』に一貫するリアリズムの限界が露呈している。

第一に意見を支配する力は、事実と一致しなければならないという点で制約を受ける。意見の形成にまったく無関係とはいえない客観的事実があり、「真実は明るみに出る」という危険は、この力に加わる重大な制約である。第二にこの力は、人間性に固有のユートピアニズムによって一層強く制約される。軍事力・経済力のために利用される宣伝は、かえってその力に反発するように人びとを駆り立て、それ自体の目的を挫折させる傾きをつねにもっている。人間性についての基本的な事実として、人間は力が正義を生むという教義を結局のところ拒むのである。国家による宣伝が国際性を自称するイデオロギーで装いをこらすという事実は、国際的な共通理念が存在し、それが国益をこえる価値基準にかなっているという信念が存在することを証明している。カーはこのように結論づけて、意見を支配する力についての考察を終えている。

カーは最終章において、旧い秩序の終焉という歴史認識をふまえ、国家は権力の単位として生き残れるかと問うている。そして新しい国際秩序における権力と道義を論じ、新しい国際秩序への展望を語ることで本書の結論としている。そこにはユートピアニズムに媒介されたリアリズムの地平が逃れるべくもなく露呈している。カーのいう国益をこえる国際的な共通理念には、二〇世紀後半に顕在化してくる普遍的な文化の力に通底する契機を見てとることができるであろう。カーは「国家の歴史」の枠組みに内在しつつ、それをこえる「世界の歴史」への可能性を追い求めていたのだといえよう。彼は「国家の歴史」から「世界の歴史」への転換を目前にして、「国家の歴史」を内在的にこえることで「世界の歴史」への道筋を探そうとしていた。入江昭の歴史認識はカーのそれを現代世界へと解き放すことで受け継ぐものにほかならない。

第二次世界大戦後の世界は、核兵器という地球的規模の破壊力に限界づけられた時代としてある。そしてそれは軍事力のあり方に不可逆的な変化をもたらす結果となった。核兵器の巨大すぎる破壊力は、軍事力の直接的な行使にきびしい制約を課し、経済力や意見を支配する力は、軍事力から相対的に独立に一定の自律性をもって、自らの役割を果たすことができるようになった。そしてそれは経済力や意見を支配する力を、国境をこえた広がりへと解き放す契機となっていた。軍事力は直接的な役割より間接的な役割を果たすものとして、国家の保有する力のなかに位置づけ直されることとなった。抑止戦略のもとで、軍事力はその物理的システムの形態にもかかわらず、心理的イメージを発生させ、それを相手に投射する装置として機能した。それは軍事力の形態において、意見を支配する力の機能を果たすものと考えることができよう。

核兵器は国家の保有するものでありながら、国家をこえて国家を制約するものとしてある。核兵器はその地球的規模の破壊力によって、国家の自由な行動をきびしく制約し、そのことを通じて、国益をこえる国際的な共通理念の存在を証するものとなっている。それは伝統的な「国際関係」を根底から揺るがすものにほかならない。そしてそれゆえ入江のいう「個々の国の国益ではなく、地球全体、人類すべての生存、利害、福祉などを考えなければならないところ」へと導くものといえよう。地球的規模の破壊力は地球と人類の自覚を促し、地球的規模の構想力を要求していると認識しなければならない。普遍的な「人間」の発見と、環地球的結合という不可逆の流れは、この地球的規模の構想力に呼応する動きと考えることができるであろう。核兵器の登場は「国家の歴史」の終わりと「世界の歴史」の始まりを画するものとなっていた。

戦後の国際関係は地球的規模の破壊力を冷戦構造の枠内で管理し、それを伝統的な「国際関係」の延命に利用しようとした。それは「国家の歴史」から「世界の歴史」への転換が不可避な段階に直面してもなお、「国家の歴史」を維持できると夢想する誤謬と倒錯の体制であった。冷戦期の国際関係は「世界の歴史」への転換を阻止し、「国家の歴史」の枠組みを維持しようとする体制にほかならない。しかしそのような誤謬と倒錯の体制が永続するはずもなく、冷戦の終結はその必然的帰結であった。冷戦期の国際関係のなかで、意見を支配する力は決定的に重要な役割を演じてきたが、国際的な共通理念を担う普遍的な文化の力としてではなく、大衆動員と対外政策の手段として宣伝の枠内に位置づけられていた。しかし地球的規模で構築されたネットワーク・テクノロジーは、意見を支配する力のあり方に不可逆的な変化をもたらした。

国家の保有する力としての意見を支配する力は、一方向的な情報の伝達と流通を特徴とし、発信者と受信者は不可逆的な縦の関係で区別されていた。しかしネットワーク・テクノロジーの地平に成立する意見を支配する力はそうではない。そこにおける発信者と受信者は相互に交換可能で双方向的な横の関係でつながっている。それは誰かが誰かを支配するための手段ではなく、よりグローバルでトランスナショナルなつながりをもつ人間社会の建設、そして自然を含む地球との相互依存的な関係の確立を目指すために、共通の認識を形成するための手段でなければならない。そしてそれは地球的規模の構想力を具体化していくために不可欠な人類共通の力であった。無限に多様な人間がその多様性を互いに尊重しつつ、みんなでつくりあげ、みんなで共有していくのが「世界の歴史」である。そこには国際社会から地球社会への転換がある。

冷戦期は「国家の歴史」から「世界の歴史」への過渡期と考えるべきであろう。冷戦の終結を契機として顕在化したグローバルな動きは、冷戦期を通じて育まれてきたものにほかならない。地球的規模の破壊力はナショナルな枠組みの究極の限界を暴露し、冷戦の終結は地球的規模の構想力に呼応する動きを、国境をこえた広がりへと解き放す契機となった。冷戦後の世界は地球的規模の構想力にもとづいて形成される世界でなければならない。現代世界の表層を支配する光景は「世界の歴史」へと向かう世界史の流れに逆らい、「国家の歴史」への後退を続けているように見えるが、そのような不毛な試みが最終的な勝利を収めることはない。それは過渡期の世界の表層に浮かぶ幻影でしかないからである。入江昭が本書で描きだすグローバルな動きは、泡沫のような幻影を取り払ったときに見えてくる現代世界の真実の姿にほかならない。

天皇制の成立——逆説の王権

はじめに

日本国憲法第一条は「天皇は、日本国の象徴であり日本国民統合の象徴であって、この地位は、主権の存する国民の総意に基く」と定め、第二条で「皇位は、世襲のものであって、国会の議決した皇室典範の定めるところにより、これを継承する」と規定している。そして皇室典範第一条に「皇位は、皇統に属する男系の男子が、これを継承する」とある。日本国憲法第一条は「主権が国民に存することを宣言し」た前文に呼応する条項であるが、それと第二条における「世襲」との整合性は必ずしも明確でない。それだけではない。皇室典範第一条の規定は、旧皇室典範第一条「大日本帝国ノ皇位ハ祖宗ノ皇統ニシテ男系ノ男子之ヲ継承ス」を、ほぼそのまま引き継ぐものにほかならない。大日本帝国憲法第一条は「大日本帝国ハ万世一系ノ天皇之ヲ統治ス」と定め、第二条で「皇位ハ皇室典範ノ定ムル所ニ依リ皇男子孫之ヲ継承ス」と規定していた。

それは現在の天皇が「男系ノ男子」を通じて、皇祖神アマテラスと初代天皇イワレヒコまでさかのぼることができるとする「万世一系」の神話にもとづくものであった。近代の日本は神話的思惟の枠内に近代国家を建設する道を選んだ。そしてその天皇制神話と天皇制国家の基本的枠組みは、敗戦を経た戦後の日本においても、ほぼそのまま引き継がれている。日本国憲法第一条は「国民主権」の原則にもとづき、天皇の地位を「主権の存する国民の総意に基く」と規定している。これは大日本帝国憲法第一条が「天皇主権」の原則にもとづく「万世一系ノ天皇」による統治を明記していることと著しく対照的である。そこには天皇主権から国民主権への転回がある。しかし日本国憲法第二条と皇室典範第一条は、大日本帝国憲法第二条と旧皇室典範第一条をほぼそのまま引き継ぎ、「皇統に属する男系の男子」による「世襲」を定めている。

そこに神話的思惟の枠組みを見てとることができるであろう。二〇一九年の譲位に際して行われた、前天皇の退位と新天皇の即位にともなう一連の儀式は、神話的思惟の存続を強く印象づけるものであった。前天皇はアマテラスを祀る伊勢神宮とイワレヒコを祀る橿原神宮を参拝し、神前で自ら退位の報告をした。神器の継承や大嘗祭など天皇制神話にもとづく儀式がくり返されている。敗戦を契機とする象徴天皇制への転換にもかかわらず、皇位の継承はいまもなお神話的思惟の枠内で行われている。そこには天皇主権から国民主権への転回をともないながらも、天皇制神話と天皇制国家の基本的枠組みの存続を明確に見てとることができるであろう。戦後の日本は神話的思惟の枠内に国民国家を建設するものとしてあった。それは天皇制神話と天皇制国家の基本的枠組みを継承するものにほかならない。そこには非連続と連続の相がある。

象徴天皇制における天皇主権から国民主権への転回は、天皇制神話と天皇制国家を極小化するものであった。そこには天皇制神話を無化し、天皇制国家を脱神話化する可能性が含まれていた。しかし敗戦にもかかわらず、昭和天皇が在位を継続したことで、そこにおける非連続の相が曖昧となったことは否定できない。そして日本国憲法第二条と皇室典範第一条は天皇制神話の枠組みを温存するものとなった。それは日本国憲法第一条を神話的思惟の枠内に封印するものであり、近代天皇制と象徴天皇制における連続の相を示すものとしてある。今回の譲位にともなう一連の儀式は、天皇主権から国民主権への転回を経てもなお、この国が天皇制神話の枠組みに呪縛されていることを暴露した。それは天皇制神話を無化し、天皇制国家を脱神話化する可能性を封印するものである。国家神道は否定されたが、敗戦をこえて天皇制神話は残った。

近代天皇制は天皇制神話の枠内に近代国家を建設する体制としてあった。伝統的天皇の権威を身にまとった天皇は、近代国家の建設を推進するための装置であった。しかし急速な近代化の進行にともなって、近代天皇制の枠組みはしだいに桎梏と感じられるようになった。一九四五年の敗戦は、近代天皇制の枠内に限定された近代国家の究極の限界を暴露し、この国を天皇制神話から解放したように思われた。象徴天皇制は国家のあり方を、天皇主権にもとづくものから国民主権にもとづくものへと転換することで、国民国家の建設を推進するための装置として機能した。しかしそれはこの国を天皇制神話から解放するものではなかった。それどころか「主権の存する国民」を天皇制神話の枠内に封印し、天皇制国家の枠組みに馴致するものとなっていた。象徴天皇制は「主権の存する国民」としての自覚を抑圧する体制といわねばならない。

そこでは「主権の存する国民」として自己自身を自覚した個人から〈合意〉が形成されるのではなく、あらかじめ所与のものとして〈総意〉が設定されている。戦後の日本は「主権の存する国民」の自覚を欠落した国民国家であった。「国民の総意」の形成に「主権の存する国民」が主体的に関与する余地はほとんどない。そこには抽象的な「国民の総意」が具体的な「主権の存する国民」を疎外する構造がある。天皇主権から国民主権への転回に、王権神授説から社会契約説への転回に通底する契機を見てとることはできるが、「主権の存する国民」の自覚を欠落していることで、まったく異なったものとなっている。それは近代的自我の自覚を欠落した近代国家であった。「主権の存する国民」とは近代的自我として自己自身を自覚した個人であり、そのような個人から合理的な社会契約によって構成された国家が近代国民国家であった。

近代の誕生は近代的自我の自覚を契機とする。それは神からの人間の解放であり、近代的自我の自己主張と自己拡大に道を開くものであった。近代的自我として自己自身を自覚した個人は「自然状態」へと解き放され、そこで「万人の万人に対する闘争」に直面することとなった。それは近代的自我の究極の限界を示すものにほかならない。このような近代的自我の限界の自覚が「リヴァイアサン」としての国家の登場を不可避なものとした。[1] 近代的自我として自己自身を自覚した個人は、自らの権利を「リヴァイアサン」としての国家に譲渡することで「社会状態」を実現し、そこで近代国家の国民となった。近代国家は近代的自我の限界の自覚を媒介として、近代的自我の自覚を組織する構造として成立した。近代国家はその出発点においてすでに近代的自我の限界の自覚をふまえ、その自己主張と自己拡大を抑制する構造をもっていた。

近代日本の体制も近代的自我の自己主張と自己拡大を抑制する構造をもっていた。しかしそれは近代的自我の自覚から近代的自我の限界の自覚を経由して成立したものではない。そこには近代的自我の自覚を抑圧する構造がある。近代天皇制は近代的自我の自覚を促しつつ、それを天皇制神話の枠内に封印し、天皇制国家の枠組みに馴致する体制にほかならない。[2] 天皇制神話は近代的自我の自己主張と自己拡大を抑制しつつ、近代的自我として自己自身を自覚した個人を体制の枠内に誘導し、テクノクラートとして活用するための手段として有効に機能した。そこには近代的自我の自覚を促しつつ、最後の一点でそれを阻止する構造がある。その最後の一点に天皇が屹立していた。そしてそれは戦後日本の体制においても変わることなく受け継がれている。近代天皇制と象徴天皇制に共通する天皇制神話の起源が問われねばならないであろう。

天皇制神話の呪縛――近代国家と古代国家

この国の近代は慶応三年一二月九日（一八六八年一月三日）に発せられた「王政復古の大号令」を起点とする。それは「神武創業の始」への復古によって「百事一新」への道を開くものであった。井上勲はそれを「近代日本の出生証」と呼び、「王政復古の宣言は、天皇統治の一点をのぞいて過去の一切を否定し、百事一新の先行条件を提供した」と述べている(3)。この「王政復古と百事一新の結合」が近代国家の建設を可能とした。それは近代国家の土台となるものにほかならない。こうして王政復古は文明開化となった。そしてその天皇統治は近代国家の建設を強力に推進する駆動力となった。しかしそれは同時に「神武創業の始」という神話に根拠をもっていた。「天孫降臨」から「神武創業」を経て現在の天皇に至る「万世一系」の神話がこの国の近代国家を呪縛していた。それは天皇制神話の枠内に封印された近代国家としてあった。

その天皇制神話が「記紀神話」に起源をもつことはいうまでもない。高天原の最高神である女神アマテラスから天孫ニニギが「天壌無窮の神勅」を授けられて降臨し、ホヲリからウガヤフキアエズを経て、イワレヒコが初代天皇として即位する。ここに皇祖神アマテラスから統治の正統性を与えられた「瑞穂の国」の王権が誕生した。それが「神武創業の始」にほかならない。そこにおける天皇統治の正統性は、歴代の天皇が皇祖神アマテラスにつながる皇統を受け継いでいることに求められる。アマテラスは天上における普遍的秩序を象徴する女神であり、天皇は地上においてその普遍的秩序を体現する主体であった。人民は天皇が体現する普遍的秩序にしたがうべき客体でしかない。そこには天皇と人民との不可逆的な関係がある。それが天皇制神話の基本的枠組みであり、その天皇制神話の枠内に建設された国家が天皇制国家であった。

しかし記紀神話は天皇統治を正統化することのみを目的としてつくられたわけではない。アマテラスを頂点とする神々の階層的秩序のなかに、それぞれの氏族の祖先神を位置づけることで、彼らを律令国家の貴族として包摂することが可能となった。こうして氏族社会のなかから天皇を超出させ、天皇のもとで氏族社会を律令国家へと再編する道が開かれた。古代天皇制は神話的思惟の枠内に律令国家を建設する体制であった。そこに天皇制神話と天皇制国家の原型がある。そのような律令国家が中国（唐）の律令制をモデルとして建設されたことはいうまでもない。しかしヤマト王権に由来する氏族制を解体し、中国的な律令制へと転換することは容易ではなかった。中国の律令制においては、超越的な「天」によって皇帝の地位が正統化される。これに対してヤマト王権の大王は、神話的な「神々」によってその地位が正統化されていた。

律令国家の建設において、普遍的原理によって天皇の地位を正統化する体制をつくることができず、神話によって天皇の地位を正統化する構造が残った。そこには中国的な律令制とヤマト王権に由来する氏族制が重層しており、律令国家は「律令制」と「氏族制」の二重構造としてとらえることができる。[4] 記紀神話は神々の世界をそのまま記録したものではなく、中国の律令制をモデルとした律令国家の建設を正統化するために、神々の世界をそれと親和的な体系へと再構成したものとしてあった。記紀の編纂と律令の制定はほぼ時を同じくして一体のものとして進められた。神話的思惟を脱ぎ捨て、普遍的原理にもとづく律令国家の建設へと進むことができなかった古代の日本には、神々の世界を儒教思想と親和的な体系へと再構成することで、神話的思惟の枠内に律令国家を建設し、先進的な中国文明の脅威に対抗するしか術がなかった。

そこには記紀神話を近代思想と親和的な体系へと再構成することで、神話的思惟の枠内に近代国家を建設し、先進的な西欧文明の脅威に対抗するしか術がなかった近代の日本に通底する位相を見てとることができる。記紀神話を再構成することで外来の近代思想と親和的な体系をつくることができたのは、記紀神話によって神々の世界が外来の儒教思想と親和的な体系へと、あらかじめつくり変えられていたからである。したがってそれは原初の神々の世界に根ざしたものとはいえない。それどころか原初の神々の世界を抑圧し疎外することで成立した虚構の体系であり、伝統的天皇の権威はそこに仮構された擬制の権威であった。国家神道は記紀神話を近代思想と親和的な体系へと再構成したものであり、近代の日本とともに生まれたものにほかならない。それは近代の産物であり、原初の神々の世界に届く歴史的射程をもつものではない。

近代天皇制は神話的思惟の枠内に近代国家を建設する体制であった。そしてその神話は記紀神話から氏族社会に根ざした物語を除去し、天皇統治の正統性を弁証する物語のみを残し、それを純化したものということができよう。それは「一君万民」の国体論を媒介として、記紀神話を再構成したものにほかならない。王政復古の宣言によって幕府のみならず、摂関の廃絶まで可能となったのは、一君と万民が直結することで、一切の中間権力の排除がなされたからである。(5) そこでは「一君の前に平等な万民」を考えることができ、その一君という一点を除けば、すべての万民は近代国家の国民として平等な位置づけを得ることとなる。一君である天皇の地位は神話によって基礎づけられているが、その一点を承認すれば、万民である国民はその枠内で自由に行動することができる。この国の近代国家の国民は「一君に帰一する万民」であった。

このような「一君の前に平等な万民」には「神の前に平等な個人」に通じるものがあり、近代的自我の自覚を促す構造をもっていた。そしてその「一君に帰一する万民」という国民のあり方には、近代的自我の自己主張と自己拡大を抑制する機能があった。天皇制神話の枠内に近代国家を建設することができたのはそのためにほかならない。しかしその一君という一点のゆえに、日本の近代国家と西欧の近代国家は似て非なるものとなった。それは近代的自我の自覚を最後の一点で阻止する構造をもっているからである。近代日本の体制は近代的自我の自覚を欠落した近代国家としてある。それは古代日本の体制が超越的な「天」を欠落した律令国家であったことと相似的である。近代天皇制は神話的権威を身にまとった天皇の存続という一点のゆえに、古代天皇制の負の遺産を継承するものとなっていた。それは不完全な近代国家であった。

そこに天皇制神話と天皇制国家の両義性がある。近代天皇制から象徴天皇制への転換によって、近代的自我として自己自身を自覚した個人は著しくその自由度を拡大した。それは近代天皇制のもとで進行した近代化を受け継ぎ、それをさらに発展させるものであった。しかし象徴天皇制においても、神話的権威を身にまとった天皇の存在は、最後の一点で近代国家の完成を阻止するものとなっている。そこには抽象的な「国民の総意」が具体的な「主権の存する国民」を疎外する構造が埋め込まれていたからである。その「国民の総意」に神話的思惟が侵入する余地があり、それが神話的権威を身にまとった天皇の存続を許す結果となった。象徴天皇制の枠内に建設された現代国家においても、天皇制神話と天皇制国家の基本的枠組みは引き継がれており、天皇制の両義性はいまもなお戦後日本の体制を呪縛していることを忘れてはならない。

女神、女王、そして女帝――ジェンダー秩序における対称性の破れ

天皇制神話は天皇統治の正統性を弁証する王権神話であった。それは高天原の最高神アマテラスのもとに、無限に多様な神々の世界を階層的に秩序づけることで、アマテラスの子孫である天皇に「大地と海原」に対する支配権を付与するものにほかならない[6]。しかしそれは高天原の最高神がアマテラスという女神であるという点で、他の王権神話と異なる特異な構造をもっている。天上における普遍

的秩序を象徴する男神と、地上においてその普遍的秩序を体現する男王という組み合わせが、王権神話における一般的な構造であった。天皇制神話は自然の生命力を象徴する女神を、普遍的秩序を象徴する男神の位置に配置するという特異な構造をもっており、そこにジェンダー秩序における対称性の破れが露呈している。そしてそのような天皇制神話の枠内で律令国家の建設を推進したのは、飛鳥・奈良時代に即位した女性天皇たちであった。

飛鳥・奈良という時代は、朝鮮半島を経由して渡来した儒教と仏教という普遍的原理にもとづいて、古代国家の建設へと向かった時期であり、中国の律令制をモデルとした律令国家へと収斂していった時代であった。そしてその時代は推古、皇極（重祚して斉明）、持統、元明、元正、孝謙（重祚して称徳）という八代六人の女性天皇の存在に特徴づけられている。彼女たちは前天皇や元天皇の皇后、あるいは前天皇や皇太子の祖母、母、姉、あるいは伯母として、男系の男子による皇統の存続を担保する「中継ぎ」としての性格をもち、男系の女子として即位した女性天皇であった。律令に女系天皇の即位を許容する条項はあるが、その規定は適用されることなく終わった(7)。そして未婚のまま死去し最後の女帝となった称徳天皇とともに「女帝の時代」は終わりを告げ、江戸時代の明正天皇、後桜町天皇まで女帝が即位することはなかった。

天上に女神を最高神として配置し、地上における男王の支配を正統化する王権神話がつくられ、女性天皇によって男系の男子が皇位を継承していく体制が整備された、飛鳥・奈良という時代の特異な位相は際立っている。この時代に天皇制神話と天皇制国家の基本的枠組みがつくられ、桓武天皇による平安遷都を経て「ヤマトの古典的国制」が確立する。[8] その間にも天皇制神話を無化し、天皇制国家を脱神話化する試みはくり返された。しかし神話的思惟の枠組みを解体し、儒教と仏教という普遍的原理によって王権と国家を再編する計画が実を結ぶことはなかった。聖武天皇と孝謙・称徳天皇の父娘による「仏教王国」の理想や、桓武天皇による「中華帝国」の構想はいずれも、そうした試みの顕著な実例ということができよう。しかしそれらの試みは神話的思惟の枠組みを極小化するにとどまり、それを無化することはできずに終わった。

清家章は「古墳時代は双系的社会から父系的社会へ変化する大きな変革期であった」ととらえている。古墳時代前期には女性首長・女性家長は一般に存在し、男女の地位に違いはなかった。しかしながら、古墳時代中期には女性首長が姿を消し、首長層は父系化する。しかし、一般層への父系化は貫徹せず、双系的要素が依然強く残っていた。[9] 古代国家の建設の前に立ちはだかっていたのは、父系化は進行したものの貫徹するまでに至らなかった、双系的親族構造を根強く残した氏族社会であった。そしてそのような氏族社会から天皇を超出させるために、近親婚をくり返す皇族の内婚化によって皇統の純化が進められた。こうして皇族出身の女性を母とする男子による皇位の継承が一般化した。そこには双系的親族構造の根強い氏族社会のなかで、父系による皇位の継承を通じて皇統の安定化をはかる意図を見てとることができるであろう。

この時期にそのような皇位継承の枠組みを逸脱し、皇族出身ではない女性を母とする天皇の即位を試み、あるいは実際に即位した天皇として、天智天皇、聖武天皇、そして桓武天皇をあげることができる。大友皇子の母は伊賀采女であり皇族出身ではなかった。天智天皇の近江朝は、亡命百済系知識人である官人層によって支えられており、儒教という普遍的原理による氏族社会の再編を志向していた。超越的な「天」に天皇の正統性を求めるならば、天皇の子は母の血統によらず尊貴であり、皇位を継ぐことにいかなる問題もないはずであった。天智天皇は大友皇子の即位に際してそのように考えた可能性が高い。[10] しかし天智天皇による急進的な改革を、双系的親族構造を根強く残した氏族社会は受け入れなかった。壬申の乱に勝利して皇位を継承した天武天皇は、神話的思惟の枠組みを残し、その枠内に律令国家を建設する道を選択した。

聖武天皇は藤原氏出身の宮子を母とする天皇であり、孝謙・称徳天皇も同じく藤原氏出身の光明皇后を母とし、史上唯一の女性皇太子を経て即位した女性天皇であった。このふたりは「崇仏天皇」として「仏教王国」の理想を追求して挫折した父娘であった。[11]「自らの血統についての問題、換言すれば母が皇族でないという問題は、聖武にとってコンプレックス」であり、この「卑母コンプレックス」は聖武の心に重苦しくのしかかっていた。[12] 母の血統の尊貴性による皇位の継承という呪縛から自らを解き放すことができなければ「卑母コンプレックス」から逃れることはできない。聖武天皇は仏教に帰依して「三宝の奴と仕え奉る天皇」と称し、大仏建立、国分寺、国分尼寺の造営など仏教王国の建設を進めた。退位後は出家して「太上天皇沙弥勝満」と称した。聖武は仏教に帰依することで天皇制神話の呪縛から解放されることを望んだ。

聖武天皇の娘である孝謙天皇は、父と同様に母が皇族ではないという問題に加えて、史上唯一の女性皇太子を経て即位した天皇であるという問題を抱えていた。誰かの皇后であったこともなく、母でもなく祖母でもない、皇位を伝える男子をもたない未婚の天皇であり、これまでの「中継ぎ」の女帝たちとは明らかに異なる天皇であった。皇族ではない母から生まれた女子であることで、彼女の天皇としての正統性は二重に不安定であった。「崇仏天皇」による「仏教王国」の実現という理想は、彼女の天皇としての正統性を確保する唯一の手段であった。彼女は仏教に帰依することで天皇制神話の呪縛を打破し、男性と対等な立場に立とうとした。こうして尼太上天皇となった孝謙は出家した尼のまま重祚して称徳天皇となり、道鏡を重用して「崇仏天皇」による「仏教王国」の実現という聖武から受け継いだ理想の実現に邁進していった[13]。

道鏡を皇位に即けることは「崇仏天皇」による「仏教王国」の実現という理想の完成を意味していた。しかしそのような称徳天皇の目論見は天皇制神話の枠組みによって阻止され、ついに実現することなく終わった。そして彼女の死後に即位したのは、井上皇后と他戸皇太子をともなった光仁天皇であった。ここに皇族出身の女性を母とする男子による皇統の継承という体制が復活した。しかし井上皇后の廃后と他戸皇太子の廃太子によって皇太子となり、その後即位した桓武天皇は百済系渡来人の娘である高野新笠を母としていた。天皇の母の出自としては劣っており、彼の天皇としての正統性は確かなものではなかった。彼が遷都を強行し、征夷に狂奔したのも、長岡京の南郊の交野で「天」を祀る「郊祀」を行ったのも、「中華皇帝」による「中華帝国」の建設によって、自らの天皇としての正統性を示そうとしたからにほかならない。

列島社会の深層――縄文社会と弥生社会

聖武天皇を苦しめた「卑母コンプレックス」は桓武天皇にもあり、桓武は儒教という普遍的原理によって王権と国家を再編し、自らを「卑母コンプレックス」から解放しようとした。それは天皇制神話を無化し、天皇制国家を脱神話化するものにほかならない。しかし天皇制神話を無化することはできず、神話的思惟の枠組みは極小化されながらも、王権と国家を制約する外枠として残った。桓武の時代に伊勢神宮の斎宮の制度化が進んだのは、天皇制神話の役割を極小化することで、世俗の王権と国家の自由度を拡大するためであった。榎村寛之は「八世紀末期の国家が斎宮寮に期待したのは、神祇官ではありえない、行政機関としての政治的性格、つまり、より俗官に近い組織による神宮支配だったと考えられる。それは八世紀末期の、強力な中央集権体制に適合したものであった」と述べている。[14] こうして神話的思惟の枠組みは残った。

平安時代に確立された「ヤマトの古典的国制」は、天皇制神話と天皇制国家の基本的枠組みのなかで、神話的思惟を極小化し、儒教と仏教という外来の普遍的原理にもとづいて、世俗の王権と国家を極大化する体制として存続していった。しかし双系的親族構造を根強く残す氏族社会のあり方は、平安時代の貴族社会に引き継がれ、その双系的性格を残す貴族社会のあり方は摂関制を生みだす動因となった。その後も神話的思惟の枠組みを無化し、世俗の王権と国家を外来の普遍的原理にもとづく体制へと純化する試みはくり返されたが、それらの目論見が実を結ぶことはなかった。列島社会の父系化は不可逆的に進行していったが、アマテラスという女神を最高神とする神話の枠組みは、社会を限界づける外枠として存続し消え去ることはなかった。そして双系的性格を残した社会のあり方も人びとの生活のなかに根強く生き続けていった。

弥生時代から古墳時代前期の列島社会は双系的社会であり、弥生時代後期後半から古墳時代前半には、女性首長も存在していた。彼女たちのなかには結婚と出産を経験した女性もおり、そのことが首長となるための障害になることはなかった[15]。弥生時代中期は男性首長が基本であり、弥生時代後期後半以降、女性首長が登場し始める。女性が首長の地位に就き始め、さらにそれが一般的存在となる時期に卑弥呼と台与は登場した[16]。纒向の出現、女王の共立、箸墓の築造は弥生時代と古墳時代を画する指標であった。同時代の女性首長が結婚と出産を経験しているのに対して、卑弥呼が独身であったことは、双系的社会における首長位の双系的継承とは異なっており、後の女性天皇のあり方に通じるものがある[17]。それは双系的社会のなかで王権の父系化が進行していたことを示すものにほかならない。

女王の存在が王権の父系化を逆証していた。

弥生時代は双系的社会のなかで王権の父系化が進行した時代であり、古墳時代は王権の父系化を媒介として社会の父系化が進行した時代であった。そして飛鳥・奈良時代を経て王権の父系化は男系の男子による皇位の継承へと収斂していった。しかし社会の父系化は不完全なままに終わった。アマテラスという女神を最高神とする神話の枠組みと、双系的性格を残した社会のあり方は、社会の父系化が不完全なままに終わったことを示すものといえよう。弥生時代は大規模な灌漑設備をともなう本格的な水田稲作が、朝鮮半島を経由して九州北部に上陸し、それがしだいに列島全域を覆いつくしていった時代である[18]。弥生社会は水田稲作に特化した選択的生業構造を基礎として成立する社会であった。これに対して縄文社会は、豊かで多様な生態系を活用した網羅的生業構造によって、長期にわたる安定した定住生活を実現した社会であった。

縄文人は食料を獲得する目的で大幅な自然の改変を行うことはない。木の実のなる大切な森を根こそぎ伐採して、そこに水路を引いて水田を造るという発想は縄文からは出てこない。それは朝鮮半島由来の発想であった。水田稲作の開始とは、単なる食料獲得手段の変更にとどまらない、社会面や精神面まで巻き込んだ生活全体の大変革であった[19]。縄文社会には自然とともに生き、自然に還る死生観、自然の復元力を破壊することなく、自然と共存するライフスタイル、拡大再生産を志向せず、安定性を強く志向する、平準化がはたらく社会という顕著な特徴を見てとることができる。これに対して弥生社会は拡大再生産を目的とする社会であり、自然の不可逆的な改変を通じて、自然を破壊するライフスタイルに特徴づけられている。それは自然と共存するのではなく、自然を支配することによって、人間の自由度を拡大する社会であった[20]。

縄文社会は自然の生命力に依存する社会であり、土偶祭祀に見られるように、自然の生命力を象徴する女神への信仰を基調とする社会であった。それは母子のつながりを重視する社会であった。そしてその網羅的生業構造に呼応する神話においては、多様な神々の世界は横の関係に開かれており、天上と地上という縦の秩序はなかった。これに対して水田稲作とともに渡来した朝鮮半島由来の発想には、普遍的秩序を象徴する男神への信仰と、父子のつながりを重視する思想があった。そしてその選択的生業構造に呼応する神話においては、多様な神々の世界は横の関係ではなく、天上と地上という縦の秩序のなかで階層的に位置づけられていた。それは社会の父系化を推進する動因となった。縄文社会から受け継がれた母系的性格と、朝鮮半島由来の父系的性格との鬩ぎ合いを経て、弥生社会は双系的社会としての性格をもつようになった。

原初の神々の世界は高度に成熟した自然社会を一万年以上にわたって守り続けた縄文社会の生活に深くに根ざしたものであった。弥生以降の水田稲作の拡大にもかかわらず、原初の神々の世界は列島社会の深層に根強く生き続けた。そこには自然の生命力を象徴する女神への信仰と、双系的性格を色濃く残す社会が存続していた。とりわけ東日本や北日本はそうであった。しかし水田稲作に特化した選択的生業構造を基礎とする社会は、父系化への強い動機づけをもつ社会であった。それゆえ政治的統合の拡大にともなって、王権と社会の父系化は不可避であった。弥生社会に芽生えた王権は、古墳時代におけるヤマト王権の成立を経て、農業社会の王権へと体制の整備を進めていった。それは天上の普遍的秩序を象徴する男神のもとに、神々の世界を階層的に秩序づけ、地上に普遍的秩序を体現する男王の支配を実現する構造をもっていた。[21]

農業社会の成熟は神話的思惟を脱ぎ捨て、普遍的原理にもとづく王権と社会の成立へと進んでいった。中国では中華皇帝と中華帝国を生みだし、律令制はその到達点を示すものにほかならない。しかし列島の農業社会は男神を最高神とする神話も、超越的な「天」による支配も受け入れなかった。そこには縄文のエトスに色濃く刻印された農業社会があった。古代国家の建設の前に立ちはだかっていたのは、このような特異な構造をもつ農業社会であった。そこで自然の生命力を象徴する女神を最高神として、普遍的秩序を象徴する男神の位置に配置する神話をつくり、神話的思惟の枠内に双系的性格を残す氏族社会を包摂することで、列島社会の特異な構造に適合する古代国家を建設するしかなかった。[22]それが律令制と氏族制の二重構造をもつ律令国家であった。天皇は原初の神々の世界に根ざした原初の王として仮構された擬制であった。

〈原初の王〉の仮面――伝統的天皇の権威

自然の生命力を象徴する女神は農耕の開始とともに、農耕を司る農耕神へと変容をとげ、普遍的秩序を象徴する男神は、その農耕神となった女神を妻とすることで、天上における最高神としての地位を確立する。地上における男王の支配は天上における男神によって担保されていた。そこには天上の〈父〉が地上の〈父〉の支配を正統化する構造がある。そしてそのような普遍的秩序を象徴する男神が、妻となった女神を含む神々の権能を吸収することによって、神々の世界から超出し、超越的な「天」あるいは「神」へと変容をとげるとき、農業社会の王権は神話的思惟から解放され、自由度を著しく拡大した古代国家が登場する。それは農業社会の王権の完成であり、王権と社会の父系化の帰結であった。しかし縄文のエトスに色濃く刻印された特異な構造をもつ農業社会は、列島に大陸や半島とは異なる歴史を刻むことを余儀なくさせた。

自然の生命力を象徴する女神は、普遍的秩序を象徴する男神の妻となるのではなく、自らその地位につき、普遍的秩序を象徴する女神となった。そこには天上の〈母〉が地上の〈父〉の支配を正統化する構造がある。(23)自然社会にまでさかのぼる起源をもつ女神によって、天皇は原初の神々の世界に根ざした原初の王としての資格を与えられた。神話的権威を身にまとった天皇は、古代国家の建設を推進するための装置であった。天皇は原初の神々の世界に根ざした〈原初の王〉と、律令国家の頂点に立つ〈世俗の王〉というふたつの側面を、一身に兼ね備えた存在であった。そこには〈母〉に起源をもつ〈原初の王〉と〈父〉に起源をもつ〈世俗の王〉の葛藤があった。それは神話的思惟と普遍的原理の対立であった。そしてそのような天皇制神話と天皇制国家の基本的枠組みは、農業社会の成熟とともにしだいに窮屈なものとなっていった。

しかし天皇が〈原初の王〉の制約を脱ぎ捨て、自らを〈世俗の王〉に純化することで、王権の自由度を拡大する道は断たれていた。縄文のエトスに色濃く刻印された農業社会の特異な構造がそれを拒否したからである。そこで天皇は自らを〈原初の王〉に純化することで、他者として外化された〈世俗の王〉にその課題を託す道を選んだ[24]。平安時代の摂政・関白は天皇の母方の祖父が外戚として〈世俗の王〉の役割を果たすものであり、院政は天皇の父や父方の祖父が上皇や法皇として〈世俗の王〉の役割を果たすものであった。そこには王権と社会における父系化の進展を見てとることができるであろう。そして農業社会の王権としての実質を武家政権に奪われた後に、天皇に残されたものは〈原初の王〉として仮構された擬制の権威だけであった。武家政権における征夷大将軍は、この他者として外化された〈世俗の王〉にほかならない。

しかしその仮構された擬制の権威は、最後の一点で農業社会の王権を制約するものとなった。農業社会の王権から疎外された非農業民が天皇との結びつきを強めていったのはそのためであった[25]。伝統的天皇の権威は極小化されながらも消滅することなく生き続けた。武家政権は天皇制神話に代わる独自の王権神話をもつことができなかったからである。清盛が娘の徳子を入内させて安徳天皇の即位を実現し、頼朝が娘の大姫を入内させようとしたのも、天皇制国家の枠内で武家政権を安定させることを願ったからであった。しかし安徳天皇は幼いまま死去し、大姫の入内は実現することなく終わった。承久の乱による三上皇の配流にもかかわらず、天皇制の廃止には至らなかった。南北朝の動乱を終息に導き、「日本国王」として絶大な権勢を誇った足利義満の「王権簒奪計画」も、彼の死によってあと一歩のところで挫折を余儀なくされた(26)。

徳川幕府の成立は〈原初の王〉の極小化と〈世俗の王〉の極大化の到達点であった。幕府が制定した「禁中並公家諸法度」はそのことを示すものにほかならない。将軍こそが「国王」であった。それでも家康は秀忠の娘の和子を入内させ、外戚の地位を手に入れようとした。後水尾天皇は和子の生んだ娘を明正天皇として即位させることで、家康の野望を打ち砕いた(27)。未婚の女性天皇なら一代限りであり、徳川の血を引く皇統の出現を阻止できるからである。この時期に再び女帝が登場したのはこのためであった。後水尾天皇は譲位を武器に幕府と闘い、最後の一点で伝統的天皇の権威を守りぬいた。江戸時代にはもうひとり女性天皇が登場する。後桜町天皇は皇統の危機に際し、幼少の皇子の伯母として、彼が成長するまで「中継ぎ」の女性天皇としての役割を果たした。こうして最後の女帝となった後桜町天皇も未婚のまま生涯を終えた(28)。

後桜町天皇は弟の桃園天皇の死後、彼の子である後桃園天皇が成長するまでの「中継ぎ」の女性天皇として即位した。後桃園天皇が死去すると、彼女は上皇として光格天皇の即位に尽力した。傍系の閑院宮家出身の光格天皇は、前天皇である後桃園天皇の娘と結婚することで、天皇としての正統性を確保しようとした。[29]「中継ぎ」の女帝と、双系的親族構造を媒介とした皇統の再生産という古代天皇制で見なれた光景が、幕末の天皇をめぐる状況のなかで再現された。光格天皇は天明の飢饉への対応を幕府に求め、朝廷の行事や儀式を復活させるなど、伝統的天皇の権威の再興に尽力した。後桜町天皇は上皇として光格天皇を支えた。大嘗祭を古来の形式で挙行し、中絶していた「天皇」号の追贈も復活した。[30]こうして後水尾天皇が明正天皇の即位によって守った伝統的天皇の権威は、後桜町天皇の尽力で即位した光格天皇の手で再興された。

戦国の乱世を勝ち抜き、天下統一を成しとげた徳川幕府の圧倒的な実力をもってしても、伝統的天皇の権威を無化することはできなかった。そしてその最後の一点は幕府にとって致命的な一点となり、それを支点として「王政復古」が実現した。それは〈原初の王〉の権威を極大化することで、古代国家とともに始まったすべての〈世俗の王〉を否定し、近代国家の建設を推進する役割にふさわしい新しい〈世俗の王〉を創出することであった。古代の天皇が〈原初の王〉の仮面を被った〈世俗の王〉であったように、近代の天皇も〈原初の王〉の仮面を被った〈世俗の王〉であった。ヤマト王権に由来する氏族制を克服し、中国をモデルとした古代国家の建設を進めるために、〈原初の王〉の仮面を必要としたように、ヤマトの古典的国制を克服し、西欧をモデルとした近代国家の建設を進めるために、〈原初の王〉の仮面が必要であった。

しかしアマテラスという女神を天上の最高神として位置づける記紀神話の構造は、最高神が神々の権能を吸収し、超越的な「神」へと超出することを不可能とした。その限界は一君万民の国体論を媒介として記紀神話を再編した国家神道の体系にも引き継がれている。アマテラスの最高神としての権威を強調した神話の体系は、一神教のそれと類似しているが、最高神が女神であるために、神々の世界の多様性を残す結果となった。近代国家の機軸としてキリスト教の信仰があると考えた大日本帝国憲法の起草者たちは、それに代わるものとして天皇制神話を位置づけようとしたが、その限界ゆえにこの国の近代国家は西欧のそれと似て非なるものとなった。大日本帝国憲法第二条と旧皇室典範第一条に女帝を排除する規定はあるが、最高神が女神であることの制約は除去できていない。そこにおける超越的な「神」の欠落は致命的であった。

おわりに

縄文社会は豊かで多様な生態系を活用した網羅的生業構造によって、長期にわたる安定した定住生活を実現した社会であった。生態系はさまざまな生物種が重層的に折り重なり、非生物的環境を含む相互作用のなかで、地域的に固有な自律性と多様性を保持しながら、自己完結的で閉鎖的なシステムではなく、多様な物質循環を通じて外部へと不断に開かれたシステムである。そこには生命活動が物質循環を維持し、物質循環が生命活動を支える相互的な関係がある。縄文社会は地域的に固有な生態系に網羅的生業構造によって適応し、地域的に固有な生活様式を築きながら、物と人の流通と交通のネットワークを通じて、広域的な関係性へと不断に開かれた社会であった。特定の生物種が他の生物種に、特定の集団が他の集団に、あるいは特定の地域が他の地域に対して、構造的に特権的な地位を占め、それを固定化する社会ではなかった。

これに対して水田稲作に特化した選択的生業構造は、特定の生物種に他の生物種から区別された特権的な位置づけを与えるものであり、選択的生業構造を基礎とする社会は、集団や地域に対する階層的な位置づけを構造的につくりだし、それを固定化する社会としてあった。そしてそれは神々の世界に階層的な秩序をつくりだした。原初の王はそこに誕生した。原初の神々の世界は網羅的生業構造を基礎とする社会に根ざしており、そこから原初の王が生まれてきたわけではない。原初の神々の世界は縄文社会にその源流をたどることはできるが、原初の王は弥生社会までしかその源流をたどることはできない。原初の王は原初の神々の世界に正統性の根拠をもつわけではない。伝統的天皇の権威は、原初の神々の世界に根ざした原初の王として仮構された擬制の権威であった。それは原初の王と世俗の王を一身に兼ね備える王としてあった。

原初の王から世俗の王が自らを分離し、神々の世界から超越的な「天」や「神」が超出することで、世俗の王は原初の王からの自立を達成し、古代国家はそこに誕生した。世俗の王は王権と社会の父系化を強力に推し進め、そのいや果てに近代国家が登場する。しかし選択的生業構造は、人間による自然の支配を組織したものであり、二〇世紀後半に顕在化した地球的規模の環境問題は、人間による自然の支配が地球的規模で限界を露呈したものといえよう。近代化は自然を人為的に改変し、生態系を破壊する人間の営為を受け継ぎ、それを極限まで徹底することを意味していた。近代は社会の父系化を極限まで推し進めた時代であったが、現代はその最終段階としてある。超越的な「天」や「神」は人間による自然の支配を正統化する原理であった。原初の神々の世界を解放し、自然と人間が共存する原初の関係を回復しなければならない。

二〇世紀末から二一世紀にかけて、地球的規模で構築されたネットワーク・テクノロジーは、その広域的で高密度な展開を通じて、現代社会に不可逆的な変化を引き起こした。それは個性的で多様な具体的人間を、国境をこえた広がりへと解き放し、無限に多様な人間の活動を、地球的規模で統合していく構造をもっている。[31] そしてそこから生まれる新しい社会は、地域的な自律性と多様性を保持しつつ、それを閉鎖的な共同性に自足する閉じた社会としてではなく、地球的規模で構築されたネットワークを媒介とした相互作用を通じて、地球的規模の開放的な関係性へと不断に開かれている地球社会としてある。それは生態系とよく似た構造をもつ社会であり、ネットワーク型社会である縄文社会と共通する特徴をもつ社会であるといえよう。そこには自然と人間を横につないでいく関係があり、人間と人間を横につないでいく関係がある。

現代社会は人間が自然を支配する関係を基礎として、人間が人間を支配する関係を組織する社会から、自然と人間が共存する関係を基礎として、人間と人間が共存する関係を組織する社会への過渡期の形態であり、地球社会は縄文社会が地球的規模で復活したものと位置づけることができよう[32]。それは超越的な「天」や「神」が世界を支配した時代の終わりを意味するものにほかならない。そしてそれは世界を縦の方向に階層的に秩序づけた時代の終わりでなければならない。アマテラスという女神を最高神として、神々の世界を階層的に秩序づける記紀神話の構造は、そのような時代の潮流に棹さすものであったが、最高神が女神であることによって、超越的な「天」や「神」が神々の世界を根絶やしにすることを阻止する結果となった。アマテラスに残る自然の生命力を象徴する女神の片鱗が神々の世界の多様性を守ったのだといえよう。

それは縄文社会が地球社会として甦るときに備えて、原初の神々の世界を密かに守り続けた偽装であったと考えることができよう。しかしそれはアマテラスに著しく過酷な運命を強いるものであった。そのあまりに過酷な運命から彼女を解放しなければならない。いまや神々の世界を原初の王の桎梏から解き放すべきときを迎えている。そしてそれは原初の王として、神々の世界を天皇制神話の枠内に封印する役割を負わされてきた天皇に、生身の人間としての権利を回復することでなければならない。天皇にそのような過酷な運命を強いる構造は、戦後の象徴天皇制においても変わっていない。抽象的な「国民の総意」が具体的な「主権の存する国民」を疎外する体制は、具体的な生身の人間である天皇を抽象的な「国民の総意」にもとづく〈象徴〉の枠内に封印し、神々の世界を階層的な秩序のなかで祀り続けることを余儀なくしている。

日本国憲法第九条は「戦力の不保持」と「交戦権の否認」という原則にもとづいて「戦争の放棄」を定め「国権の発動たる戦争」を禁止している。それは国家の最高法規が自ら「国権の発動」にきびしい制約を課していることを示す規定であり、国家が自らの内に自己否定の契機を含むことを公然と宣言した条項にほかならない[33]。戦後国家は自己否定の契機を内に含む近代国家であった。それゆえ地球社会の誕生を予期し、そこに向けて準備する国家としてある。日本国憲法第九条は人びとを地球社会へと導く世界の道標である[34]。そしてそれは天皇制の歴史的役割の終焉を予告するものといえよう。第九条の規定を媒介することで、天皇制の両義性に秘められた意味を正しく理解できるようになる。天皇を「国民の総意」の呪縛から解放しなければならない。そしてそれは人びとを「主権の存する国民」の呪縛から解放することに通じている。

原初の神々の世界には、普遍的秩序を象徴する男神はもちろん、その役割を代行する女神もいない。そこには横から横へとつながる無限に多様な神々の世界があり、縄文社会にはそうした神々と強い絆を結んで生きる人びとの暮らしがあった。それは「社会の深部、人民生活そのものの中に生き、そこからわきでてきた力」の表出であり、「そこには、天皇の影もない」と網野善彦は断じている[35]。いまや「神武創業の始」をこえる歴史認識にもとづいて、天皇制神話と天皇制国家の総括をしなければならない。網野は「天皇制を克服し、そのすべてを白日の前に曝すことによってのみ、われわれははじめて、この日本を真の意味で世界の諸民族に開かれた世界にすることができる」とも述べている[36]。縄文社会と現代社会をつなぐ歴史認識によってのみ、それが可能となることはもはや明らかであろう。その彼方に地球社会の誕生が待っている[37]。

(1) ホッブズ『リヴァイアサン』第一巻（水田洋訳、岩波文庫、一九五四年）、第二巻（同、一九六四年）参照。
(2) 久野収・鶴見俊輔『現代日本の思想』（岩波書店、一九五六年）一二六―一三八頁参照。
(3) 井上勲『王政復古』（中央公論社、一九九一年）三三三―三四一頁参照。
(4) 吉田孝『日本の誕生』（岩波書店、一九九七年）一三四―一三六頁参照。
(5) 前掲『王政復古』三三八―三四一頁参照。
(6) 網野善彦『日本中世の非農業民と天皇』（岩波書店、一九八四年）九六―一〇一頁参照。
(7) 遠藤みどり『日本古代の女帝と譲位』（塙書房、二〇一五年）一二三―一六二頁、他参照。
(8) 前掲『日本の誕生』一六一―一九六頁参照。
(9) 清家章『埋葬からみた古墳時代』（吉川弘文館、二〇一八年）二三九頁参照。
(10) 榎村寛之『伊勢神宮と古代王権』（筑摩書房、二〇一二年）二六八―二七二頁、他参照。
(11) 勝浦令子『日本古代の僧尼と社会』（吉川弘文館、二〇〇〇年）二一九―二八八頁、勝浦令子『孝謙・称徳天皇』（ミネルヴァ書房、二〇一四年）、他参照。
(12) 坂上康俊『平城京の時代』（岩波書店、二〇一一年）一三七―一三九頁参照。
(13) 前掲『孝謙・称徳天皇』一五一―三二〇頁参照。
(14) 前掲『伊勢神宮と古代王権』九九頁参照。
(15) 清家章『卑弥呼と女性首長』（学生社、二〇一五年）一八三―一九〇頁参照。

(16) 同右書、一〇八―一〇九頁参照。
(17) 同右書、一七八―二〇二頁参照。
(18) 藤尾慎一郎『弥生時代の歴史』(講談社、二〇一五年)参照。弥生時代の水田稲作は北海道や琉球諸島には及んでいない。これらの地域を除く日本列島に対する適切な呼称がない。これを田中琢は「本州諸島」と呼び、佐原真は「本土」と呼んでいる。田中琢・佐原真『考古学の散歩道』(岩波書店、一九九三年)七頁参照。
(19) 前掲『弥生時代の歴史』五〇―五一頁参照。
(20) 藤尾慎一郎『弥生変革期の考古学』(同成社、二〇〇三年)、小林達雄『縄文の思考』(筑摩書房、二〇〇八年)、山田康弘『生と死の考古学』(東洋書店、二〇〇八年)、設楽博己『縄文社会と弥生社会』(敬文舎、二〇一四年)、国立歴史民俗博物館・藤尾慎一郎編『再考！　縄文と弥生』(吉川弘文館、二〇一九年)、他参照。
(21) 溝口睦子『王権神話の二元構造』(吉川弘文館、二〇〇〇年)、溝口睦子『アマテラスの誕生』(岩波書店、二〇〇九年)、他参照。
(22) 同右。
(23) 拙著『日本革命の思想的系譜』(北樹出版、一九九四年)三一七―三五八頁参照。
(24) 同右。
(25) 前掲『日本中世の非農業民と天皇』三五―一一七頁参照。
(26) 今谷明『室町の王権』(中央公論社、一九九〇年)参照。
(27) 吉田孝『歴史のなかの天皇』(岩波書店、二〇〇六年)一五六―一六二頁参照。
(28) 同右書、一六二―一六三頁参照。
(29) 同右書、一七二―一七三頁参照。
(30) 藤田覚『幕末の天皇』(講談社、一九九四年)四三―一三五頁参照。
(31) 拙著『全共闘運動の思想的総括』(北樹出版、二〇一〇年)七九―一一九頁参照。
(32) 前掲『日本革命の思想的系譜』三一七―三五八頁参照。
(33) 同右書、四五―六〇頁参照。

(34) 前掲『全共闘運動の思想的総括』二五三—二五九頁参照。
(35) 網野善彦『増補　無縁・公界・楽』(平凡社、一九八七年) 二三二頁参照。
(36) 前掲『日本中世の非農業民と天皇』五八三頁参照。
(37) 前掲『全共闘運動の思想的総括』一三三—一八九頁参照。

思想的背景から見た抑止の現在と未来

本章ではまず、核兵器の登場以後に「抑止」というものが前面に出てきたことをふまえ、核抑止の歴史をざっとたどりながら、抑止の思想的背景をいくつかの観点から述べてみます。その上で、抑止を超える思想について考えてみようと思います。

抑止の歴史とその思想

◆「大量報復」から「柔軟反応」へ

核兵器の登場は、いうまでもないことながら、広島と長崎への原子爆弾の投下です。そしてその翌年にはすでに「抑止」の概念が登場しています。そして核抑止の概念がアメリカの戦略政策に最初に導入されたのは、アイゼンハワー政権の「大量報復」戦略であり、それにかかわったのはダレス国務長官です。そしてそれはケネディ政権の「確証破壊」戦略へと受け継がれていく。そしてそれがソ連の核保有を経て「相互確証破壊」にもとづく「相互抑止」の構造として安定した体制を作り上げていくことになります。

一方、通常戦力レベルで多様な事態に対応する「柔軟反応」戦略も登場してきて、核戦力レベルの「確証破壊」戦略と通常戦力レベルの「柔軟反応」戦略の二本柱が確立していきます。それが核抑止体制の枠組みとして固定化されていく。ケネディ政権の戦略政策を主導したのはマクナマラ国防長官でした。

その後の技術の発達などで「相互抑止」の構造が揺らいでくると、それへの対応として、あるいは同盟国への「拡大抑止」の提供という観点から、ニクソン政権のときには、核戦力レベルにも「柔軟反応」戦略を導入していくことになります。それがシュレジンジャー国防長官——後にカーター政権のエネルギー長官になる——が提唱したターゲッティング・ドクトリンというものでした。しかし、それでも核抑止は安定せず、さまざまな弥縫策をくり返しながら、かえってそれが核抑止体制の不安定性を増幅する結果になって、ついに冷戦の終結という事態を迎えることになってしまったわけです。

そんな核抑止体制の歴史にもとづいて、「抑止」の意味を考え、そのうえで冷戦後の世界における軍事力の役割を考える必要があるのです。けれども、あまりそのことを深く考えないまま、「抑止」という言葉が驚くほど安易に使われているという印象があります。

「不確実性の抑止」

抑止というと、一般には「お互いの力を計算してバランスを取ると、攻撃を思いとどまる」みたいに、すぐに計算ずくの話にされがちですが、必ずしもそうではありません。僕がずっと抑止、核兵器と付き合ってきて感じているのは、むしろ「非合理な要素や不確定な要素こそが抑止を成り立たせてきた」のではないか、という印象です。

あとで詳しく述べることになりますが、今の複雑系の科学では「揺らぎが自己組織化する」という考え方があります。揺らぎがあるからこそ自己組織化が起こってくるので、それと同様に、抑止の世界においても、曖昧さがあって、曖昧さの中のお互いに計算しきれないところで、実際には抑止が成立してきたと思います。

キッシンジャーが「不確実性の抑止」と言い、ハーマン・カーンが「非合理性の合理性」と言って、「これこそが抑止を成立させている」という議論がありました。それが示しているように、「計算をお互いにやって、理性的にやるから抑止が成り立つ」というよりも、「理性が伸び切ったところで、理性ではもうやれないとわかったところで止まる」という感じが抑止を成り立たせているのではないか。

それは不確定性なり不確実性による抑止の成立と言えます。曖昧さがなくなり、完全に計算可能ということになると、勝つか負けるか初めからわかるということです。そうなったら抑止もへったくれもなくなり、勝つと思ったほうがやってしまう。ですから、「勝てるかもしれないけれど、それがわからないところが抑止を成り立たせている」というのが、実際に起こってきたことではないのかと感じます。

物理的な力の計算ではない

核兵器の存在がそれ以前と異なるのは、「その揺らぎの幅の中に人類の運命が丸ごと懸かるぐらい破壊力が大きい」ということです。それ以前は「ぎりぎりのところで勝てるかもしれないけれど勝てないかもしれないし、やったら共倒れになるかもしれないからやめておこう」というのが、戦争を思いとどまらせることについての基本的な考え方でした。そのことを、「ひょっとしたら勝てるかもしれないという思いをお互いに持たないようにしよう」という段階に引き上げたのが、冷戦構造の中での相互抑止の構造だったと思います。それが僕が核戦略の研究者としてたどり着いた結論です。

じつは、核抑止にはあまりご利益がありません。それでいて膨大なカネが掛かる。核兵器を作って維持するためには、その周辺の諸々まで含めてものすごいおカネが必要になります。周辺ということでは、核兵器を開発する物理学者は原爆を作って国家に貸しを作ったということになるので、国家に寄生して核兵器に関係あるカネをいっぱい出させ、実験や研究をやってノーベル賞を取って、みたいなことを実際にやることになる。そういうものまで含めて、諸々のおカネが掛かるのです。冷戦が終わったとたん、アメリカのクリントン政権がＳＳＣという巨大加速器をポンとやめてしまったのは、それが理由です。冷戦の時代だったから、そんなカネを注ぎ込む話が通用していたのです。

曖昧だから成立するということは、逆に言うと、抑止が効けば効くほど、いったいどこで効いているのかわからなくなるということです。いわゆる抑止のジレンマに陥っていくことになる。そうすると最大のポイントは次のように表現できるのではないでしょうか。

核抑止というのは物理的な力の計算ではなくて、物理的な装置が作り出す心理的なイメージを操作したり、お互いにやり取りする中で、心理的なイメージを共有することによって、ある一定の関係が出来ていく——揺らぎのなかで心理的なイメージが流通することで、ある関係が自己組織化していく——ようなもの。

その中で、心理的なイメージで曖昧だからということになると、実際に戦争をしていないからわからないとなります。しかし、心理的なイメージを支えるのはある種の計算になるので、実際にどれだけの力があるかが大事だという話になり、結局、心理的なイメージをやり取りしているあいだに物理的装置は増える。結局、そういう構造が冷戦という時代を通じて進んだ抑止の正体ではないか。そういう曖昧さと不安と、それから心理的なイメージが回っていく中で、いろいろな理屈が付いてきたということではないでしょうか。

◆戦略を支える思想

最初にこの「巨大な破壊力」が出てきたから、この巨大な破壊力のある種の万能感みたいなもので大量報復戦略が作られた。「核兵器という神の国のご威光を背負ったのだから、あらゆるところで優位に立てる」というようなものが、抑止戦略の出発点でした。

それに対して、「いや、そんなばかでかいものが、そんなちょこちょこといたるところで使えるわけがないだろう」という批判が最初に出てきました。それで、「核兵器といえども使えるようにしようじゃないか」というようなことを言い出したのが、キッシンジャーです。しかし、いろいろと検討した結果、やはり使えるようにならないということで、結局、「共倒れを確実なものにしていこう」という確証破壊戦略の考え方が生まれてくる。

心理的なイメージの駆け引き

そんな中で、実際には使えないんだけれど、心理的なイメージを使ったある種の駆け引きはおこなわれる。ところが、心理的なイメージの駆け引きだけをやっていると、実際に軍事力を使っていませんので、いざというときには使えないだろうということになると、抑止を支える軍事力の信頼性に疑問が生じてくるのです。そして心理的なイメージの操作が逆にできなくなるという面倒くさいことになる。

そうすると、「あいつは頭がおかしい、合理的な計算ができないから、使うかもしれないじゃないか」というイメージが、じつはいちばん有効な戦略だということになる。そういう視点で見ていると、北朝鮮がこの間やってきたことは、いわゆる瀬戸際戦略のシナリオに忠実にやっているという印象があります。

この話は、巨大な軍事力を持っているにもかかわらず、使うかどうかわからないという話になり、それが本当にいざというときに使えるのかどうかわからないということで、抑止に信頼性があるのかという話につながっていくのです。そうすると、「時々使うかもしれない」、あるいは「本当に使うやつがいるかもしれない」という、「どうせ使いっこないだろうと思っても、やはり使うやつはいるかもしれない」という思いを時々再生産していくことで、じつは抑止が効いてきたという話になっていくのです。これは、新しい技術が出てきて、今までの安定していたものを壊していくようになると、かえって危ないということにもなっていく。

すごく皮肉な言い方になりますけれど、冷戦の時代に核戦力の発動の可能性をいちばん強く保証して、核戦略体制を支えてきたのは、じつは反核運動ではないかというのが僕の考えです。核の秩序が安定して、「もう核兵器って要らないよね」、「何の役に立っているかわからないし、どうせ使えないんだろう」となったときに、「いや、あれは使われるかもしれないから大変だ、危ないものだ」と宣伝するわけです。広島・長崎から反核運動が広がると、逆に核戦力が発動される信頼性をみんなが改めて思いだし、核戦略体制の再生産なり抑止の概念の再生産がくり返しくり返しおこなわれてきたという面があります。それは冷戦の時代に、反核運動をやっていた人たちの思惑と関係なく。抑止という非常に屈折した構造を持ったロジックですので、そういうものも取り込んで戦略が作られてきた。そういうことがなにがしか定期的に起こらないと、抑止というものは維持できないのです。

要するに、核戦略体制というのは、ある種の偶像崇拝の体制だと言えます。「あの偶像はただの木偶だ」とみんなが思った瞬間に、この偶像崇拝の体制は壊れてしまう。それで、「あの偶像は動き出すかもしれない」、「恐ろしい神様なんだ」という祝祭を定期的にやることが必要になる。そういう非常に奇妙な構造の中で、ある種の揺らぎを作り出して自己組織化していったのが、じつは核戦略や核抑止の構造だったのではないでしょうか。

そういうものですから、やはり長くは続かない。そう感じていました。

抑止はあくまで核兵器と結びついたもの

グローバルな冷戦構造は崩壊しましたが、部分的にはそういう構造がまだ残っていますので、同じような思考の中で回っている話が、今まだなおあちこちで存在しています。しかし、それはもうグローバルな核戦争、全面核戦争にはつながりませんので、抑止の基本的な概念というのは、たぶん冷戦が終わった現在、変わってきていると思います。

現在、通常戦争のレベルの兵器が、全面核戦争のレベルで使われる核兵器にリンクしないので、使いやすくなってきているという面があります。この両者には計り知れないほどのギャップがあるのですが、それにもかかわらず、この分野においても「抑止」とか「抑止力」という言葉が比較的簡単に使われていて、そこが僕にはすごく引っかかっています。

抑止というのは、基本的には、「軍事力は戦争を避ける役割を持っている」というだけの話ではありません。そういう程度の話なら、軍事力全般にそういう役割は昔からあったのです。核兵器が登場するまでも戦争が回避されることはあり、「軍事力があったけれど、たまたま戦争は回避できた」とか「あったことで回避できた」と言えることはあったでしょう。しかし、少なくともそれを「抑止」という形で表現することはありませんでした。

抑止という考え方が全面的に出てきたのが核兵器の登場によるものでした。そのきっかけとなったのは、広島・長崎に対する原爆被害の調査が本格的にやられたことです。最初に広島・長崎に調査団を入れたのは、日本国内で原子爆弾開発計画をやっていた理化学研究所の仁科研究室と、京大の荒勝研究室のメンバーでした。お医者さんも入りました。そのあと、アメリカの戦略爆撃調査団も入ってきて、日本が調査した資料も含めて全部ごっそりアメリカが持ち帰り、詳細な分析をしています。その分析の結果として一九四六年にバーナード・ブロディが編集した『絶対兵器』（*The Absolute Weapon*）という本が出版されましたが、その中に、「これまで軍事機構の主要な目的は戦争に勝つことだった。これからは戦争を避けることでなければならない」という有名な言葉が出てきます。それが核兵器登場以後、抑止の概念が前面に現れた最初のものではないかと思います。

そういう意味で、核兵器と切り離されたところで、「抑止」という言葉をあまり軽々しく使うのはどうなのかと疑問に思います。最近、巨大な軍事力を持って相手を威圧して、「それが抑止力だ」というような、非常に単純明快な議論が多すぎます。核戦略を研究してきた人間から見ると、「抑止」という言葉の使い方がここまで曖昧になってしまったら、結局何も言っていないのに等しいのではないかという印象を持ちます。

◆抑止は曖昧さを基礎にした戦略

出発点となったのは「わからない」こと

一般に抑止とは、アメリカとソ連が両方核を持って、ある種の軍事バランスが出来ているから、天秤の両方で釣り合うように核問題でも相互に釣り合っていくものだと思われています。しかし、いま紹介した広島、長崎への原爆投下の段階で、その時点でアメリカしか核は持っていないにもかかわらず、抑止という考え方が生まれている。相互抑止以前の段階で、軍事力の役割は抑止だという考え方が登場してきているのです。ということは、単に「相手とこちらの軍事力を計算して抑止が成り立つ」という話は、抑止の本質とは違うのではないかと思うのです。「抑止が効いている」というと、非常に力学的なイメージがあるんですが、抑止を力学的なイメージで捉えると間違うのではないでしょうか。

力学的イメージで捉えると、双方の力関係を冷静に計算すれば、どちらが勝つ、負けるとわかるわけですから、勝つと思ったほうはやるでしょうし、負けそうだと思ったら時間稼ぎをしながら勝てるようにしようとするでしょう。だから、抑止というのは、そういう意味での力のバランスを計算して理性的に行動することと捉えると間違ってしまう。

もともと、抑止戦略の出発点となった大量報復戦略も、その信頼性への疑問は、「こんな大きすぎる破壊力をそんなに簡単に使えるわけがない」、「戦場で使ったら味方もやられてしまうではないか」、「そういうふうなところで実際に使われるかどうかわからないということでは、相手側もその足下を見てくるだろう」というところにあったのです。「本当に抑止が効くのか」というのが五〇年代後半ぐらいの議論なのです。そのあとになり、結局、ソ連とアメリカが両方核兵器を持った段階で、相互抑止の構造が出来上がり、共倒れを確実にしていくことで世界の秩序を安定させていくというときに、あたかも「両方の軍事力のバランスが取れているから落ち着いている」というような、力学的安定のイメージが出来ていったように思います。

しかし、抑止が効くのは、力学的に安定しているからではなく、くり返し述べるように、それ自身が曖昧さを含んでいるからこそなのです。戦争して勝てるかもしれないけれど勝てないかもしれないし、人類は滅びないかもしれないけれど滅びるかもしれない。そのぎりぎりの揺らぎのところで判断を求められるから迂闊な判断ができず、結局、軍事力の発動が難しくなり、両すくみのような状態になる。ですから僕はむしろ、抑止というのは軍事力で相手を威圧するというよりも、大きすぎる軍事力で、自分の軍事力の行使を制約するという面も同時に持っているのではないかと思います。それこそが、核兵器登場以後の抑止の概念ではないかと考えているのです。

安定すると不安が生まれる

ただ、それだけに、相互抑止の構造が安定してくると、同盟国のために核兵器を使用する可能性はどんどん下がってきます。ですから、「周辺のために中心部を犠牲にするようなことはしないだろう」というところが見えたので、たぶんヨーロッパは「いかにアメリカを引っ張りこんでおくか」みたいなことを、ＮＡＴＯの戦略として考えてきたのだと思います。

そういう意味では、相互抑止が安定すればするほど同盟国は不安になるのです。その不安を解消するために、同盟国のためにがんばらなければならないとなると、「些細なことでこっちも酷い目に合うかもしれない」とアメリカは感じるようになる。これも抑止のジレンマの一つの現れです。

結局、「核兵器を共同管理して世界の秩序を維持しながら、なるべくお互いの縄張りの周辺で起こるものを局所化する」という形でやってきたのが、じつは冷戦構造だと思っています。核兵器の共同管理の体制のような面がある。核兵器の持っている破壊力、あるいは実際に大きすぎる軍事力を細かな局面でコントロールしきれなくなるから、共倒れになるリスクをいつも抱えながらでないと核戦争はできないという状況の中で、じつは相互抑止の構造が成り立つ、あるいは抑止概念というのが維持されると見ています。

ただ、それだけですと、先ほど述べたように「あの偶像は木偶だから役に立たない」という議論にどうしてもなるので、時々新しい技術を使って「今までとは違う状況が生まれたから、これは大変だ」みたいなことを言ってみたりする。そうすると、それに呼応するように反核運動が起こって、ある種の偶像崇拝の定期的におこなわれる祝祭――と言ったら、たぶんやっていた人たちは怒るでしょうが――みたいなことがされるようになる。技術の発達でなかなかコントロールしきれなくなってきた部分などがあると。抑止のジレンマを何とか封じ込めようとしながら、それに振り回されてきた体制だったように感じます。

もう一つは、ケネディ政権のときに、相互確証破壊という考え方が出てきます。その前の五〇年代の「一気に全面核戦争に行く」という大量報復的な戦略ですと、局所的な紛争は解決できません。それでは抑止にならないということで、「核兵器をもっと使いやすくして、局所的なところでも核兵器を使う」、「段階的に核兵器を使えるようにしておけばできるだろう」という考えが、限定核戦争論として出てきました。段階的抑止の考え方です。

技術が発展すると曖昧さが増していく

それはいったん否定されるのですけれど、その後、技術が発展していくことになります。相互確証破壊というのは、基本的に「お互いの都市を人質に取りましょう」という話ですから、そもそも非人道的な戦略です。一方、「より技術が上がって精度が上がれば、敵の核兵器だけを狙うことができるようになる」というような考え方が、七〇年代のターゲッティングの話です。

技術の発達がより細かくなってくると、逆に曖昧さを拡散していくようなところがある。結局、抑止というのは常に曖昧さがあって成り立つから、その曖昧さで足下を掬われそうになる。というような中でずっときていて、基本的に抑止の概念とはそういうところがあるのかな、ということは感じています。

柔軟反応戦略というのがケネディ政権のときに誕生しますが、この戦略というのは、段階的抑止の考え方を核兵器には適用しないのです。核はお互いの都市を人質に取る確証破壊戦略の枠組みで安定させておいて、局地戦争は通常戦力を整備して戦うことにして、それが全面核戦争なり核戦争にリンクしないように封じ込めていくというような体制が、六〇年代に出来上がっていくのです。

ただし、ヨーロッパの場合は、通常戦争でソ連の戦車がやって来たところで、アメリカが核兵器で反撃してくれるかというと、「やってくれないだろう」という議論になっています。そういう意味では、柔軟反応の段階を確実に核戦争にリンクするようにしていくことで、逆に全面核戦争につなげていくものにする。柔軟反応というけれど、ものすごく硬直した戦略がその一方で出て来ることになるのです。そうすると、逆に、拡大抑止が相互抑止を崩すようなリスクを持ってくることになってしまう。そのような振り幅の中で、冷戦構造というのは、曖昧さが作り出す揺らぎに対して膨大な物理的装置を作るのですが、その物理的装置を物理的装置としてではなく、心理的なイメージの発生装置として使っていくような、非常にエネルギー効率の悪い戦略だったのではないかと思います。その結果、いろいろな負担を被っていくことになり、特にソ連は経済的に壊れてしまった。結局、アメリカにとってもソ連にとっても経済の負担になってしまって、たぶん計算外のことだったのではないかと思います。

抑止の思想的背景

次に、そういう抑止戦略をどう捉えたらいいのかということです。とりわけ、その「思想的な背景」をどういうふうに考えるべきかという問題です。

◆クラウゼヴィッツとボーフル

核兵器出現の前と後で戦略思想がどう変化したか。それを考えたときに、クラウゼヴィッツとボーフルが大事です。フランスのド・ゴールの核武装を支えたのはピエール・ガロアだと俗には言われますが、実際にはアンドレ・ボーフルだったとされています。フランスの核武装を推進したド・ゴールの知恵袋だったと言われている陸軍大将です。その彼に、『戦略入門』という著作があります。この『戦略入門』と、クラウゼヴィッツの『戦争論』では、それぞれの戦略の定義はどうなっているのか。

物理的な力か心理的要素の重視か

クラウゼヴィッツの『戦争論』では、「戦略の旨とするところは、戦争の目的を達成するために戦闘を使用するにある」とされています。この「戦闘」というのはその次で、「戦争においては、物理的強力行為は手段であり、相手に我が方の意志を強要することが即ち目的である」とされている。物理的強力の行使というのを具体的な戦場でやるのが戦闘ですから、結局こちら側の意志とあちら側の意志があって、その意志と意志との衝突の中で物理的強力を使っていくことでわが方の意志を強要していく。「そういう政治目的を支援するというのが軍事戦略なんだ」というのがクラウゼヴィッツの定義だろうと思います。

それに対してボーフルが言っていたのは——デカルトの国の人なのでちょっと哲学的なのです

が――、「戦略の神髄は、二つの相対抗する意志の衝突から生まれる抽象的な相互作用である」というものです。それを言い換えると、「戦略は力の弁証法的術、あるいは更に正確に言えば、争点を解決するために力を用いる二つの相対抗する意志の弁証法的術である」という定義をしている。二つの相対抗する意志があって、力を使って争うんだということです。

「争点を解決するために」ですから、「なにがしかの政治目的を達成するためには、わが方の意志を相手に強要するために力を使うんだ」という点では、クラウゼヴィッツもボーフルも、まったく同じ論理構造で戦略を定義している。では何が違うか。

クラウゼヴィッツにとっては、力というのはあくまでも物理的強力なんですよね。一方、ボーフルの場合は、「物理的強力も大事だけれど、それ以上に心理的要素が大事であり、諸々の総合的な力というのが大事なんだよ」ということです。その「力」というものの定義が、心理的要素を含む、より広い意味に使われている。そこが、核兵器が出てくる前と後で変わっていることだと思うのです。

ボーフルは、抑止戦略というのは、結局、「軍事力が実際に直接使えないから、軍事力を心理的なイメージとして心理的に使うというところで抑止戦略が成り立っているのだから、だったらわざわざ軍事力を使って心理的イメージに転化しなくても、それ自身の心理的なイメージや心理的要素を使って影響力を行使できるならそのほうがいいだろう」としています。そういう意味では、それを全部含めた総合的な力として抑止戦略というのを考えている。そして、抑止戦略を拡張して「間接戦略」という言い方を、彼はしているのです。

そういう意味では、やはり核兵器のあまりにも大きな力というものは、絶対に使えないとは言えないし――絶対に使えなかったら何の意味もないので――、非常に使いにくいのだけれど、ひょっとしたら使えるかもしれないというところが心理的なイメージの発生源になっています。そこのところで生まれた心理的イメージを投射することができる。抑止戦略というのは、基本的にはそういう構造で成り立っているもののように思います。

カール・シュミットの「友と敵」概念

この二人のあいだにカール・シュミットを入れてみると、少し見えてくることがあります。カール・シュミットは、『政治的なものの概念』の中で、「政治の基本的な枠組みは友と敵」ということを言っています。「わが方の意志と相手の意志があって、友と敵なのだから、敵に対して、究極的には戦争にまで至るような可能性のある対立が、政治の基本的な枠組みだ」とシュミットは言っています。

クラウゼヴィッツの枠組みというのは、「シュミットの友と敵という枠組みの中で戦争を分析していく」と見ることもできます。それと比べれば、ボーフルのほうは、逆に、「物理的力が大きすぎて、友と敵という枠組みというものが物理的空間の中で成り立たなくなってしまう」と考えたのです。そことで、その軍事力を、物理的な力の形を持ちながら実質的には心理的な役割を果たすものへと転換することで、心理的空間の中で友と敵の理論を再生させているというものです。

つまり、物理的な力のレベルで、シュミットの友と敵の対立する枠組みとしての戦略空間というのが成り立たなくなったときに出てきたのがボーフルです。物理的な力を心理的なイメージに転換することで、友と敵の理論を心理的空間の中でよみがえらせて、それで政治目的に寄与するというような形にしたわけです。

結局、核兵器という巨大すぎる軍事力に頼ると、共倒れになってしまうのです。友と敵もへったくれもない。けれども、それでただちに友と敵がなくなり、みんな仲良しになるというほど単純ではない。抑止戦略というのは、核兵器が使えそうもないのだけれど、ひょっとしたら使えるかもしれない、そのぎりぎりのところの心理的空間の中で友と敵の枠組みを再生し、心理的なイメージを操作する装置へと軍事力を位置づけ直した戦略と言えます。完全に使えなかったら真っ白ですが、ひょっとしたら使えるかもしれないという一点の染みがあると、そこからぼやんと広がっていくという心理的なイメージです。そういうものだから、抑止戦略は間接戦略へ展開していくというのがボーフルの流れになった、ということは言えると考えています。

そういう意味で、冷戦の時代のアメリカとソ連の関係を見ていると、あれは単純な友と敵とは言いがたいと思います。敵同士でありながら、同時に、じつは核兵器の共同管理として共犯関係みたいなものがあります。物理的な構造を維持するところに関しては、やはり単純に友と敵の理論が成り立っておらず、その枠組みが壊れている。けれども、心理的なイメージとしての、情報戦などを全部含めていろいろな、ある種の意図的な枠組みは維持されている。核兵器によって全面核戦争に至らないように局所的な紛争を押さえこみながら、その局所的な紛争の中ではやはり友と敵の枠組みが生きているような、物理的空間と心理的空間が戦略空間の中で二重構造になっている。主要には、その物理的空間に物理的装置を作り上げていきながら、直接はそこでは使いにくいので、心理的なイメージという感じで心理的空間の中での抗争を激化するみたいなところは、ある種の核抑止が作り出した状況だという気がします。

クラウゼヴィッツとボーフルの間にシュミットを挟むというのは、そういう意味です。そのことにより、核兵器を含む軍事力というものの意味が、少しは見えてくるかと思います。

◆東洋の思想と科学

関連していくつかのお話をしておきます。いろんな切り口があるので、そのことに触れておきます。

中国の思想家の軍事論

一つは、孫子とか老子とか、東洋の思想家が軍事について語っていることです。この時代、当然のことながら、核兵器ほど大きな軍事力が使われるわけではありませんが、軍事力を使うときのある種の自制した態度が、こうした思想家に見られます。そういう意味では、巨大すぎる軍事力ゆえに行動を自制せざるを得ないという、抑止戦略に通じるものがあります。

昔、宝珠山昇さんという防衛官僚がいました。僕が防衛研究所の助手だったころ、計画官で授業に来られていたのです。彼は孫子を引用した「神武不殺」という言葉がすごくお好きで、いつも言及しておられました。「神の軍隊は人を殺さない」という意味です。そのことを思い出すことがあります。あるいは、老子にも、「兵は不祥の器にして君子の器に非ず。已むことを得ずして而して之を用うれば、恬淡なるを上と為す」という言葉があります。「軍事力は不祥の器だから、あまり喜んで使うなよ」、「仕方がないときも、なるべく自制して使え」という意味です。こういうものを見ると、核兵器の巨大な破壊力の登場によって、西洋の戦略思想の中にも初めてそういうふうな考え方が入ってきたのだと思うところもあります。

孫子には「百戦百勝は善の善なる者に非ざるなり。戦わずして人の兵を屈するは善の善なる者なり」という言葉があります。まさに軍事力を、実際の軍事力を行使するのではなくて、軍事力のある種の心理的なイメージを使って、相手にメッセージを送るという意味では、抑止戦略の考え方に通じるものがある。老子や孫子は、核兵器のように地球的な規模の破壊力で、単純に軍事力を行使すれば共倒れになるという構造の中で考えたわけではないのですが、抑止戦略の考え方に通じるものがあるのは不思議な感じがします。

戦略に限らず、もう少し広い意味での思想史の文脈で考えれば、二〇世紀後半という時代は、東洋思想と西洋思想が出会って交流している面がいろんなところで存在します。戦略においても、核兵器の登場による抑止戦略の基本概念というのは、西洋の戦略思想という角度から見たときには、思想史における東洋思想と西洋思想が出会って交流している姿の現れみたいなふうに捉えることもできるのかなと思うところがあります。

ニュートン力学と量子力学

さらに二つのことを述べます。思想に関わる問題です。

一つは、核兵器を作り出したテクノロジーとか、それを可能にした科学的な知識というものが持っている思想性みたいなもののことです。先ほども、「核戦略、あるいは核抑止というのは、計算可能、予測可能で、計算できるものとして考えられているわけではなく、むしろ曖昧さがあるからこそ成り立っているんだ」という話をしました。それは二〇世紀以降の自然科学の考え方と親和性があるように思います。

一七世紀に成立した近代科学というのは、ニュートン力学が典型的なように、すべてが計算可能、予測可能で、条件を設定すれば全部を追いかけていくことができる、曖昧さなくすべてがわかるという考えが基礎にありました。ですから、そういう意味では、力学的な均衡で戦略を語ったり抑止力を語るというのは、僕のイメージではニュートン力学的思考の枠組みのように思うのです。

それに対して、二〇世紀に登場した量子力学というのは、完全に機械的な法則を、曖昧さなく解析的に方程式を解いて追いかけていくということはできないという前提で、目の前の自然現象を捉えています。たとえば、ミクロの世界の現象については「不確定性原理」といって、現象の観測とか予測も完全に解析的にはできないというものです。たくさん集めて平均を取ると統計的に法則などは予測ができるけれど、それ以上のことはできないので、一個一個の粒子がどう動くかみたいなことは確率的にしか予測できないというのが、量子力学の考え方なのです。そういう意味では、逆に、そこに不確定性があって揺らぎがあるからこそ新しい構造が生まれるというのが自己組織化の考え方で、複雑系の科学というのはそういう思考方法で動いているのです。

そういう意味では、「自然というのは完全に人間が法則的に捉えて、予測可能なものとして考えて、すべての要素を洗い出して、その要素の動きを全部きちっと理解することができれば、未来もわかるし、すべてがわかる」という考え方は、思想史では「機械論的原子論」とされます。「原子のような要素の振る舞いを一個一個押さえて、それを機械のように組み立てて、法則で追いかけることができる」というものです。それが基本的にはニュートン力学を起点とする近代科学の世界観なのです。他方、核兵器を作り出した科学的知識は、二〇世紀以降のものです。基本的に相対性理論と量子力学という二〇世紀の物理学が、核兵器を作るために必要な知識を生み出した。

そうすると、たとえば相対性理論の場合だと、物があるというのは、「物体がある」というよりも、「時空が揺らぐ」と捉えられます。時空が歪み、時空が揺らぎ、その揺らぎや歪みが伝わっていくことが、力が働き物が動くというイメージです。それに対して、量子力学の場合も、やはり一個一個の粒子の振る舞いを完全に解析的に予測できなくて、揺らぎがあって、曖昧さがあって、だからこそその曖昧さや揺らぎの中で、原子や分子が集まってより複雑な構造を作っていくことができるということです。そういう曖昧さがあってこそ自然の本質であるというのが、量子力学の考え方なのです。

近代科学では自然と人間をはっきりと区別して、人間は自然の外から自然を対象的に認識するという自然認識の枠組みがありました。しかし、量子力学以後の現代科学では、人間を含んだものとして自然を捉え、自然の一部である人間が自らをその一部として含む自然を認識するという自然認識の枠組みを持っているのです。自然認識にともなう不確定性、つまり曖昧さや揺らぎは、そうした自然認識の構造から必然的に生じるものということになっている。現代科学が自然現象を確率で追いかけ、統計で理解するしかないのは当然のことということになるのです。人間を含む自然の無限に多様なふるまいが、その一部である人間の働きを通じて明らかにされるというわけですから、単純明快なことにはならないというわけです。そんな現代科学の自然認識は近代科学とは異なるのですから、それによって作られる道具や機械と人間の関係も当然のこととして変わってくることになります。

核兵器というのはそういうレベルの知識を使って作られています。しかも核兵器はとても複雑であり、地球的な規模で展開するネットワークを必要としていて、そこには非常に複雑な部品や要素がいっぱい入っています。さらに、そこに人間が張り付きます。現在、複雑で巨大なテクノロジーが事故を起こすときというのは、ほとんど人間のミスによるものです。非常に複雑な構造の中で運用されているので、「ミスをしない人間を配置すればいいんだ」という話にはならない。限定核戦争についての議論も、「核兵器と人間が作り出すシステムのこういう複雑な特徴からいって、限定的な使用はそもそも不可能であろう」ということが、結局、「相互抑止を安定させる方向に行こう」という流れになったのです。

二〇世紀に登場してきた、そういう量子力学以後の現代科学が持っている自然認識とか、もっと大きく言えば世界観というのは、くり返しますが、近代科学の世界観、ニュートン力学の世界観とは違うのです。核兵器が作り出した状況というものを、その核兵器を作り出した科学的な知識が背負っている世界観みたいなものと併せて考えてみる必要があるのではないかというのが、現在の僕自身のいちばん大きな関心です。

西田哲学の再評価を

もう一つの僕の関心は、相対性理論や量子力学が持っている世界の捉え方とか論理構造というのが、じつは西田哲学とすごくよく似ているのではないかということです。西田哲学と現代物理学との関係、西田哲学から出てくる世界の捉え方を今、主要な課題として考えています。

西田の門下生が唱えて一時期物議を醸した「世界史の哲学」という考え方がありますが、彼らとは少し違った意味で、核兵器が登場して以降の、不可逆的に進んだ世界の変化みたいなものをちゃんと捉えていくことが必要です。そのために、核兵器が作り出している状況と、核兵器のもとで抑止として起こっている状況と、それを作り出した科学的知識、社会認識を包括的に捉える哲学として、西田哲学を基礎にした歴史哲学を打ち出すことが求められます。そうした世界史の哲学がほしいということです。

先ほど、孫子や老子について述べた箇所で、東洋思想と西洋思想の交流について指摘しました。そういった点でも、東洋思想と西洋思想の出会いから交流を経て、それを統一する哲学を生み出した西田哲学の重要性に注目すべきではないかと思います。核兵器の登場が西洋思想と東洋思想の出会いと交流の契機になったという観点で考えると、西田哲学を世界史のパラダイムとして捉え直すことで、核兵器が作り出した構造を核兵器なしで継承するための手がかりがつかめるのではないかと考えているのです。

抑止を超える思想はどこにあるか

これまで、核兵器が登場し、「核抑止が持っている、曖昧さがあるからこそ成立する」、「曖昧さがあるからこそ自己組織化して構造が出来ていく」過程を見てきました。そこから更に進んで、核兵器が登場したことによって作られた不可逆的な構造の変化をふまえ、「長期的には核兵器が作り出した構造を核兵器なしに受け継いでいくことは可能かどうか」を考えることが、これからの課題です。

◆地球的規模のネットワークの時代に

「意見を支配する力」

E・H・カーは「世界を動かす三つの力」と言っています。一つは「軍事力」で、もう一つは「経済力」で、最後は「意見を支配する力」だというものです。心理的なイメージの操作とか情報という点で言うと、E・H・カーの言う「意見を支配する力」が決定的に表に出てくるきっかけになったのは、やはり軍事力の直接的な行使が難しくなったことです。軍事力に箍を嵌めた核兵器の存在というのが、「意見を支配する力」を支えるものになっています。

さらに、地球的規模で構築されたネットワーク・テクノロジーが作り出す情報空間は、E・H・

カーが考えたのとはかなり違った意味で、「意見を支配する力」の役割を増大させていると言っていいと思います。ネットワークにデジタル端末でつながれば、だれでもいつでも自由に情報の発信ができ、そのような情報空間に中心はなくて、だれでも中心になれるとともに、だれも特権的なポジションを占めることはできない。しかも発信者と受信者が情報の交換を通じて、リアルタイムに入れ替わる。発信者と受信者の相互作用によって、人と人との対等な横の関係が作り出されていく。そんなネットワーク・テクノロジーが切り開いた可能性はもっと評価されてもいいのではないかと感じています。

そしてそこには膨大な知識と情報が蓄積されているけれど、それはだれのものでもなくて、だれでも自由にアクセスできる。知識と情報の私的所有による独占は著しく困難で、そこには社会的所有ともいうべき状況が生まれている。ネットワークに蓄積された知識と情報は、国家や権力によって独占された「意見を支配する力」を無化し、地球的規模で人と人との関係を新しく構築していくために、みんなで「意見を支配する力」を共有していくことを可能にするものになっていくと思います。

そんなネットワークが地球的規模で形成されていこうとしていることは、これからの社会のあり方を考えていくとき、とても大きな力を与えてくれるのではないでしょうか。

人間を含んだシステムとして捉える

さらにＡＩの登場は、それが新しいステージに来ていることを意味しているようにも思えます。ＡＩがネットワークとつながって地球的規模のシステムができていくと、それが人間とどういう関係を作っていくかが大きな問題になっていきます。ＡＩについては、人間と独立に独自の発展をとげ、人間を超え、人間に敵対したり、人間を支配するといったＳＦ的なイメージではなくて、人間を含んだシステムとしての可能性を考えていくべきだと思います。

そう考えるほうが、人間を含んだ自然を考える量子力学の自然認識とも整合的だし、複雑系の科学の考え方とも合っている。それだけではなくて、自己と世界を区別して、自己から世界を考える西洋の哲学に対して、自己を含んだ世界の中で世界を考える世界認識を確立した西田哲学の世界観とも、無理なくつながっていくような感じがします。近代科学に代わって登場した現代科学や、東洋思想と西洋思想を統一する哲学として登場した西田哲学の自然観や世界観の意義は、すごく大きいと思うのです。みんな近代科学と現代科学の違いに気づかないまま、現代科学の成果を享受しているけれど、現代科学の成果はそうした世界観を身におびた科学的な知識の所産だし、核兵器もネットワーク・テクノロジーもそうした世界観を刻印されたテクノロジーだということをふまえて考えていくべきだと思います。

冷戦終結後の抑止の概念というのは、ひたすらぼやけてきています。冷戦時代に通用したことであっても、未来永劫通用するわけではないのに、抑止をあたかも軍事力の本来的な役割のように理解している人がいます。しかし現在、「軍事力を強めていって相手を脅かせば平和が来る」とか、「国が守れる」とかいうような議論は、そうとう違うのではないかと感じます。

核兵器というのは、「それを持つと、持ったやつが制約される」ということが、歴史的に見えています。たとえば、インドとパキスタンは、両方が核兵器を持って以降、それ以前ほどカシミールで撃ち合いをしていません。そういう意味では、グローバルな相互抑止の構造は壊れたけれど、やはり原理的な思考とか、国家と国家が対立する局所的なところでは、ある種の相互抑止の構造というのは、細分化して拡散してなお残っていて、効いているという面があるのでしょう。アメリカと中国の関係でも、そういう面があるかもしれません。

核兵器の存在が世界史をせき止めた

米ソ対立は二極構造だと言われましたが、実際に保有していた核兵器を考えると対等な二極ではなく、一・五対一かそれ以下だとよく言われていました。実際に核抑止が相互に効く場面というのは、「力学的に均衡するから抑止する」というものではなく、結局、「核兵器を持ったら、持った者同士がお互いに自制し合う関係ができてしまう」というものでした。それが逆に、核や軍事力以外のところでいろいろな関係を作り出すというのが、先ほど紹介したボーフルの言っているところです。そういう構造がトータルに見て戦争をやりたくてもできない状況を作り出している。

一方、「金正恩は常識が通じないからやるかもしれない」というイメージは、瀬戸際戦略のときにはものすごい力を発揮します。そこはものすごく上手に使っている。トランプにしても、「あいつは何をするかわからない」というところが抑止力だ、という見方もある。それがまさしく、ハーマン・カーンが昔言った「非合理性の合理性」です。しかし、そういうところであまり振り回されないほうがいい。

もともと軍事力というのは、主権の発動を究極のところで担保するものですから、主権のシンボルそのものだったはずです。ところが、核兵器が出てきたおかげで、主権のシンボルであるはずの軍事力が、主権の行使を難しくするというパラドックスに陥ってしまった。そのパラドックスの中で、でもみんなやはり主権にこだわっているから動きが取れなくなっているわけですが、そうかといってそう簡単に主権が放棄できるわけでもありません。一定程度、主権を自主的に返上するような実験をやったEU統合みたいなことまで含めて、主権国家というのが昔ほどくっきりした輪郭は持っていないし、昔ほど強力な問題を解決する力も持っていないのですが、まだそれに代わるものがないため、やはりみんなまだ国家に執着するところがある。

逆に、その国家があまり頼りにならないと思えばこそ、かえって国家に執着するような形で、ナショナリズムがそれぞれの場所で表出したりして、ある種の袋小路に陥っている感じがします。逆に言うと、核兵器という存在が世界史をせき止めてしまって、みんなその周りで袋小路になって回っているという状況です。それがじつは抑止の本質なのではないでしょうか。

◆誰もが拒否権を持つ時代に

さらに僕が思っているのは、今やはり、ネットワーク・テクノロジーが世界的に広まった結果、戦争の舞台もサイバースペースに移ってきている問題です。「みんなが核を持てばユニット・べトー（個別の拒否権）になるから平和になる」という発想がありますが、核を持たなくても今のネットワーク・テクノロジーを使うと、テロリストだってすごいことができてしまいます。パソコンでもスマホでもタブレットでも、一個持っていると、発信もできるし攻撃もできてしまう。ネットワーク・テクノロジーの性能が上がってくると、世界中の一人ひとりの人間がなにがしかの端末を持てば、みんなユニット・べトーを持ったことになるのです。核兵器を持たなくてもそういう状況が将来的には作り出せるとしたら、核兵器が作り出した構造を核兵器なしで引き継ぐという状況になっていきます。今、サイバースペースでの闘争とかハッキングとか、いろんなことが起こっているのは、そういうことに至る過渡期として捉えられる面があると思います。

地球的規模の構想力が不可欠

もう一つ、「そういうネットワークとＡＩがつながったらいったいどうなるんだ」という話は、もう核兵器どころではないような課題を生んでくると思います。なぜかというと、そういう形で世界がネットワークにつながると、なにがしかの拒否権をみんなが持つことになるからです。核兵器を持たなくたって拒否権を持てるという状況を作り出せるかもしれないというようなイメージです。

こうやって、核兵器が作り出している状況を、核兵器なしでなにがしか継承していけるような構造を作らなければならない。そうしないと、袋小路は永遠に袋小路のままです。そういう意味では、ＡＩの問題とか、ネットワーク・テクノロジーが非常に高密度に地球全域を覆っていっている状況は、核兵器よりももっと大きな力があるのかもしれない。

つまり、核兵器は地球的規模の破壊力を作り出したのだけれど、ネットワーク・テクノロジーは地球的規模でそれをどうやって使うかという、地球的規模の構想力を要求している。そういうネットワーク・テクノロジーを活用する地球的規模の構想力だけが、核兵器の地球的規模の破壊力が作り出す袋小路を抜けることができるのかなと思います。

先ほどの物理の話に戻りますけれど、量子力学の世界に「トンネル効果」という言葉があります。トンネル効果というのは、普通だったら壁があって、壁にボールをぶつけたら絶対に跳ね返ってきて通り抜けないはずなんですが、量子力学の世界だと、壁があっても一定の確率で通り抜けるのです。それを活用したのが江崎玲於奈さんのトンネル・ダイオードです。絶対に越えられそうもない壁が、トンネル効果で越えられるみたいなことが起こり得るのが現代科学です。ネットワーク・テクノロジーが高密度で世界中に広がって、いろんな人間がかかわって、ある種の社会現象でトンネル効果が起こって、そういうところからブレイクスルーが生まれるというようなことが、現在の段階ではあまり具体的な話は出来ないのですが、量子力学と類似のイメージとしてそういうことは考えられるのです。

たとえばベルリンの壁が壊れるときもそれを感じました。まず、東ドイツでポッと壁を壊しました。あれは世界史のトンネル効果みたいなところがあり、それをきっかけに一気に状況を変えることになりました。江崎さんの場合もそうだけれど、トンネルがあって、この壁をポッと通ると、そこからバッとカスケードが起こるのです。なだれのようなものです。そうすると、ベルリンの壁が壊れる直前に、チェコとの国境がポッと開いて、バッと一気にカスケードが起こった世界史のトンネル効果ではないか。僕はもともと物理屋ですから、そういうイメージで考えています。

そういう意味では、「みんなが核を持てば平和が来る」という、その核兵器以上の威力を、今、みんな一人ひとりが持っている状況が生まれつつある。それに気がついていないけれど、そうなっているという状況だと思います。

ＡＩと人間を含めた全システムの話

そこには同じ科学的な知識が使われています。核兵器も、ネットワークも、ＡＩも、同じ知識が使われています。同じものの両面という捉え方があまりされていないから、問題が見えていないのですが、核兵器が作り出した状況というものがあって、その状況を引き継ぐものがネットワークなのです。核兵器自身が機械と人間が一体となったシステムとして出来上がってきていて、だから予測不可能な動きをするものとして、「結局、限定核戦争はできない」というところに来ているのではないでしょうか。

それは、今あらゆる分野で扱っている複雑系の科学の考え方と同じなんです。複雑系の科学は、人間を含んだ自然があって、自然のいろいろな要素と、多様な人間を含めて、それが全部つながっていると世界を理解しています。だから、ＡＩがネットワークにつながったときにどうなるか、というより、ＡＩと人間を含めた全システムがどうなるかというところを、本当は知らなければならない。最後は人間になるのです。

どこまでいっても人間を一〇〇パーセント理解することはできません。そこに不確定性なり不確実性が残ります。一〇〇パーセントわかったら、勝つやつと負けるやつも一〇〇パーセントはっきりして、戦争も一気に終わる。ですから、不確定性や不確実性が抑止を成り立たせているというのは、近代合理主義では理解できないことです。それは逆に言えば、抑止理論というのは、近代合理主義の行き着く果てだということです。

合理的に判断するという共通の価値観のうえに抑止理論が成り立っているという考え方こそが、近代合理主義の産物であり、核兵器の登場は、世界史が近代合理主義の究極の限界に直面したことを意味していると考えることができます。だから、近代合理主義の中で答えを探していても、いつまで経っても答えが見つかりません。近代合理主義に代わるものの中に見つけなければならないのです。

曖昧さがあるからコミュニケーションが必要に

最近おもしろいと思っているのは、動物の世界のことです。ホッブズは自然の中でみんな自分の利益のために動くというイメージで、それを自然状態と言っているけれど、むしろ生き物は共生のほうが当たり前です。困ったやつに分け与えるみたいな行為をする場合も、生物現象の中で最近いっぱい発見されて指摘されてきているし、そちらのほうがむしろ普通だと考えられています。だから、近代合理主義では生命の本質なんて理解できない。それを合理主義というフィクションで秩序付けてきたのが近代だといえるのではないか。

秩序を作るということは、エントロピーを減少させることです。逆に言うと、不確定性、曖昧さや揺らぎがあると、自己組織化が起こり、エントロピーを減少させて秩序が出来るのです。ですから、曖昧さを減らしていって秩序を作るのではなくて、曖昧さが秩序を作っていく。曖昧さがあるからこそ、人と人とはつながるということです。それがコミュニケーションなのです。相手が完全に同質のもので、すべてがわかっているのだったら、コミュニケーションを取る必要はありません。異質だからこそ、コミュニケーションを取ることによってしか自己組織化は進まない。

冷戦構造は米ソによる核兵器の共同管理の構造で、イメージをお互いに投げ合って共有し合っていた。イメージを投げ合うということは、コミュニケーションということです。

そういう米ソの関係を米中が作れるでしょうか。冷戦が終わったあとの新しい展開になっていて、同じ条件ではないから、同じように作る必要はなくて、たぶん別の形が何か出てくると考えたほうがいいでしょう。米ソの場合はある程度、共通の価値観を持てたのは、どちらもキリスト教とギリシア哲学という背景を共有しているからです。ゴルバチョフの「欧州共通の家」みたいなものは、そういう背景の中であった。中国とアメリカのあいだにそれがあるのでしょうか。

米中はどちらも世界帝国の末裔だということは共通している。だから、世界史的な枠組みでは、「中華帝国とローマ帝国というのがどのくらい共通項を持つか」という議論になっていく可能性はあります。中華帝国とローマ帝国というのは、どちらも安定した帝国の枠組みとしてほぼ同時代に興っていて、中国とアメリカはその末裔です。だから、結局、米中関係がどうなっていくのかは、中華帝国とローマ帝国の時代にまでさかのぼった世界史解釈の中でしか議論できないのではないかと思っています。そういう意味でやはり、世界史の哲学が要るのです。国際政治学や国際関係論の中で西田哲学が話題になるような状況にはなっていますが、世界史のパラダイムとしての西田哲学についてはもっと注目していいと思います。

◆冷戦後の世界にふさわしい思想を

最近の言説の中には、冷戦の時代は世界史の中ですごく特殊で異常な時代だったので、「冷戦が終わったから正常な昔に戻ったんだ」みたいな思考回路があります。なのに、冷戦時代に起源を持つ「抑止力」という言葉だけは残って、冷戦以前の軍事力の役割をそのまま担って使われている感じがします。軍事同盟を強化することが抑止や抑止力につながるという発想も根強くあるように思います。しかし軍事同盟と抑止に直接の関係はありません。

戦略空間の構造が変わった

第一次大戦の時も、軍事同盟同士が対抗し、それが戦争になってしまいました。第二次大戦では、たとえば松岡洋右なども、「三国同盟とソ連を結んで、英米に対抗して平和を守るんだ」みたいな大風呂敷を広げて、結局戦争になってしまった。同盟さえあれば抑止力が効くというのは嘘っぱちで、「冷戦構造の中で同盟が抑止力を担ったのは核兵器の巨大な破壊力とセットだったからだ」という話です。ところが、核戦争の起きる可能性に対してみんなあまりリアルに感じなくなってしまったら、同盟は抑止力を担保するものにならないというところがポイントだと思います。

冷戦以前と冷戦の時代と冷戦後では、戦略空間の構造が変わっています。その意味をきちんと考えなければいけません。冷戦後の戦略空間の中ではネットワークとかサイバースペースとかのほうが、核兵器よりももっと大きな破壊力を持っているので、そこのところで考えたときに、冷戦以前の非常に固定的な戦略空間の中での軍事力の役割を、そのまま単純に、よく考えずに「抑止力」と呼んでいるのはおかしい。

バランス・オブ・パワーは、結果として戦争を回避するのに役立ったこともあるけれど、役立っていないこともあります。それなのに役立たなかったことは忘れてしまって、冷戦後になっても軍事同盟の中での軍事力の役割に、そのまま「抑止力」というラベルを貼っているのが現状です。冷戦時代は、価値観とか行動規範みたいなものを一定の水準で共有していて、理性的な思考回路みたいなものを共有していた。核兵器が天井を打っている中で、ある一定の役割を果たしてきた「冷戦構造の中での抑止」みたいなものは、そういう条件の中で成り立ってきた。それを丁寧に見ていくと、現在、同じことが成り立っている状況はほとんどありません。にもかかわらず、「抑止」とか「抑止力」という言葉が、万能の呪文のように使われている。

力学的に作った構造が安定することはありません。冷戦の時代においても、米ソ両国がたぶん軍縮会議のテーブルに付き、まとまろうがまとまるまいが対話を続けていたこと自身に意味があった、というようなところがあるのです。それがじつは相互抑止の構造を成り立たせていた。

バランス・オブ・パワーの考え方でも、静的均衡と動的均衡という二種類があり、動的均衡がいわゆる相互抑止になっていくのです。しかし、実際に考えてみると、我々はいつもある一定の時間を切って、そこを平面的に考えているけれど、現実には時空間は常にあるわけで、その中でお互いにコミュニケーションをずっと取り合っていくのです。言葉も含めて、お互いにずっとコミュニケーションをとって、それで秩序を維持していく。こうして時間の流れの中で動的均衡が維持されるのです。

たとえば一九世紀のヨーロッパですと、ビスマルクがそれをやっていた。だから、ビスマルクがいなくなったあとから、非常に力学的な同盟の静的均衡みたいなほうに傾いて、第一次大戦に流れていくのです。どんな均衡であろうと時間は流れているから、均衡は絶対に動的プロセスなのです。だからビスマルクは、黙って動かなかったのではなく、その都度その都度、ああやってこうやってと動いていた。ビスマルクはそれでヨーロッパの平和を維持してきたのです。

そうした動的均衡の中でコミュニケーションは維持されます。だから、結局、抑止力信仰というのは、ある種のコミュニケーション障害なのです。「力を作って力を見せつければ相手は黙るだろう」というのは、コミュニケーションとは言えない。しかも、生態系も地球のシステムも人間の世界も全部複雑系で、いろんな要素を常に考慮しながら動いていくのです。多様な場面で多様な要素が折り重なっているのです。それなのに、抑止力に関して、「特定の平面で、非常にスタティックな力学的な勢力均衡みたいなものがあると大丈夫」というような議論になっているのはおかしい。

その結果、抑止を強化すると言いながら、挑発をして非常に不安定な戦略環境を作っているという感じがします。現在の日本における抑止力の議論は、「どちらかにくっついて一緒にやることがいいのか」みたいな感じです。その発想自身が、たぶん松岡洋右っぽいものです。

反核運動の役割も変わっている

ノーベル平和賞をもらったＩＣＡＮの活動と核兵器禁止条約の採択についてどう理解したらいいかという問題も大事です。冷戦の枠組みの中で反核運動が偶像崇拝のお祭りの役割を果たしていたことは確かだけれど、ＩＣＡＮの活動と核兵器禁止条約の採択は冷戦後、核兵器がなくてもいい世の中に向かってきたことを示すものとして、冷戦時代とは意味が変わってきているのではないでしょうか。

かつての反核運動とＩＣＡＮが違うのは、民衆によるＮＰＯの運動が各国の政府と、けっこう一緒になってやっていることです。反核運動のころにはあまりそういう動きがなく、国家の枠組みは国家の枠組みであり、それとは別に反核運動があるというものでした。反核運動が国家の枠組みとは独立に偶像崇拝のお祭りをやっていた感じです。

そういう時代の反核運動や、ヒロシマ・ナガサキの被爆者の語り部さんたちと、ＩＣＡＮをやっている人たちは、かなり違うところがあります。その違いをどれだけどのように評価していくかという課題がある。現在、ＮＰＴの再検討会議でも、非核保有国の政府と市民団体が一緒にやっています。

つまり、昔はすべての国家が核兵器を持った米ソによって組織化されて、それが核という偶像崇拝の体制をみんなで維持していて、それを周辺で反核運動が取り巻いていた、という構造でした。核保有国と非核保有国とが、冷戦構造の中では一体化し、非核保有国は核保有国から核の傘を貰っている、みたいな構造になっていたのです。しかし現在は、核保有国と非核保有国とのあいだの意識のずれみたいなものがＮＰＴ再検討会議でも出てきている。やはり冷戦時代とだいぶ変わってきている点があります。

憲法九条と自衛隊のセットの思想

僕は以前、「核兵器は軍事力の自己否定という構造だけれど、わが国は憲法九条と自衛隊をセットにすると、核兵器が国際政治の中で持っている位置、特徴と同じものを、核兵器を持たずに実現できていて、一歩先に行っている」という話をしたことがあります。憲法九条と自衛隊をセットにすると、憲法九条のもとに置かれた自衛隊は軍事力の自己否定になるから、核兵器と同じ構造になる。だから、憲法九条のもとに自衛隊を保有しているということは、じつは国際政治の中では核兵器を持っているのと同じことなのです。しかも核兵器を持っていないから、核なき未来に一歩先に行けるんだ、いうことです。そういうものを国際政治の中で、もっと日本のアドバンテージとして使う外交はあり得ると思っています。それなのに、日本は核兵器禁止条約に参加もしない。岸田外相（当時）は参加したかったが、安倍官邸がそれを阻止したことのようです。

要するに、憲法九条と自衛隊のセットは、核兵器が作り出した軍事力の自己否定という構造を、核兵器なしで実現しているということができます。憲法九条は広島・長崎の体験に呼応するものであり、広島・長崎の体験と憲法九条をつなぐ一本の道筋は、核兵器が作り出した構造を核兵器なしで受け継いでいく方向性を明確に示すものになっています。憲法九条のもとに置かれた自衛隊は、核兵器が作り出した構造を核兵器なしで受け継ぐことを考えるとき、重要な手がかりになる。憲法九条は核なき世界への道筋を示す世界の道標なのです。だから、自衛隊を憲法九条の制約から解放することは、そこに秘められた大きな可能性を封殺することに等しいと言うしかない。

憲法九条のもとに置かれた自衛隊を、むしろ世界史のなかで先進的な軍事力のあり方を示すものとして考えていくべきです。憲法九条を持つことのアドバンテージを活かしていく戦略は可能だし、そのような観点からも核兵器禁止条約に参加すべきだと思います。短期的には、核兵器禁止条約に参加したとき、アメリカとの同盟はどうなるのかという疑問は当然あると思います。核抑止力がなくなることに心配があるとは思います。しかし、アメリカは日本国内に核兵器を配備していないことになっているのだし、核兵器禁止条約に参加しても同盟関係にとりたてて問題が生じることもないのですから、長期的には大きなアドバンテージが期待できることに注目してほしい。

今はむしろ、アメリカは核を前方展開していったときに、テロリストに取られるのが怖いから前方からは引き揚げようという方向に向かっています。だから、日本が核兵器禁止条約に参加しても、さほど致命的なことは起こらないと思います。むしろメリットのほうが大きい。ところが日本政府は、核の傘に依存しているから、核兵器をなくそうと言ってはいけないというような、そういう思考回路で動いている。思考停止に陥っていて、出口が見えない。

冷戦末期のヨーロッパには、INFが問題になったときですが、アメリカの核の傘をソ連に対抗する戦略上担保することは重要なので、「柔軟反応の戦略を核のレベルまで入れて、いちばん下まで全面核戦争につながるような構造を作っていくために、アメリカをつなぎとめておくことが絶対大事だから」というような発想がありました。今では、そういう発想はなくなっている。ですが、冷戦後の世界では、非常に厄介な部分で、局所的に冷戦的思考と冷戦的枠組みが拡散して残っています。世界の各地で残っていますが、その中でもやはり日本は特異な感じがします。

NATOの場合は冷戦後、東ヨーロッパの国々を加盟させたので、ロシアとの関係は厄介です。ロシアとの関係を考えると、そう簡単に軍事費は増やせない。

国際社会の構造変化をふまえて

けれど、それらも国家を単位とした国際政治の枠組みで考えているような気がします。今ではむしろ、テロリストやNGOのような国家より下位の政治的主体の役割が大きくなっています。そういう意味では、国家というものの限界がいろんなところでさらけ出されていて、国家より上位の「超国家主体」や国家より下位の「亜国家主体」を、「国家主体」のほかに考える国際政治の見方がありますが、その用語を借りると、それらの超国家主体や亜国家主体が、国家主体のみを政治的主体とする国際政治の枠組みを揺るがしている。

中世で考えると、国家の下に領邦とか自治都市がありました。あのノリで亜国家主体があり、教会にあたる超国家主体もある。中世には教会と国家があって、封建領主とか自治都市があったのですけれど、そういうイメージです。

亜国家主体というものは、国家の下にあって、それだけでは国際条約には入ってこられない。ところがそれが、ある種の政治的主体として国際政治の枠組みに噛んで来ている。中世でも、封建領主や自治都市が、教会とつるんで国王と戦ったような構造が整理されていって、国家に一元化し、その結果、近代の枠組みが生まれました。それと同じように、現在も、現行の国際政治の枠組みが崩れてきているのです。国際機構という超国家主体と、国家主体と、テロリストやNGOのような亜国家主体から重層的に構成される今日の国際社会は、主権国家から構成されるオーソドックスな国際関係の枠組みでは扱いきれなくなっている。そこに近代（モダン）という時代の限界が露呈していると言っていいのではないか。

そんな今日の国際社会の構造は中世ヨーロッパの構造とよく似ている。世界史の現段階は前近代（プレモダン）の世界に類似した構造を示しているけれど、それは逆に世界史の現段階が近代の次の時代、すなわち後近代（ポストモダン）の世界の入り口に立っていることを意味していると考えることもできるのではないでしょうか。

その意味でも、世界史の哲学が必要とされているのです。量子力学が生み出した核兵器とネットワーク・テクノロジーは、現代史の両義性を象徴するものだし、それは世界史の現段階が過渡期にあることを意味していることだともいえる。核兵器が生み出した地球的規模の破壊力は地球的規模の構想力を求めているし、ネットワーク・テクノロジーに秘められた巨大な可能性を人類が主体的に捉え直していくことで、核兵器が作り出した構造を核兵器なしで継承することが可能になるのです。

おわりに

核兵器は国家の保有するものでありながら、国家を超えて国家を制約するものになっている。それは主権国家から構成される国際社会の枠組みの終わりを予告するものと考えるべきです。抑止にしがみついていると、そんな国際社会の枠組みに執着し、いつまでも国家から考えることしかできない。それは近代合理主義の断末魔の姿と考えるべきだろうと思います。国家を単位として、国家と国家の関係で世界を秩序づける国際社会に代わって、地球全域を単位とした地球社会の誕生を予期すべきではないか。それが地球的規模の構想力にもとづく新しい社会の姿ではないでしょうか。

核兵器の地球的規模の破壊力の前に立ちすくむだけでは何も生まれません。そんな地球的規模の破壊力に身の安全を委ねることなんてできっこありません。

一方、地球的規模で構築されたネットワークにしても、近代合理主義や近代科学の思考回路の中にとどまっているだけでは、地球的規模の破壊力として現象するしかないのです。ネットワーク・テクノロジーに秘められた巨大な可能性を、地球的規模の構想力を支える力として捉え返していければ、核なき世界への道が開けていくだろうと思います。現代は国際社会から地球社会への過渡期だということができ、核兵器の登場による地球的規模の破壊力はその起点となりました。そんな地球的規模の破壊力に呼応する地球的規模の構想力は、そうした過渡期の終点となり、新しい時代の起点となるのだと思います。

超国家主体と国家主体と亜国家主体が重層的に作り出す現代の国際社会の構造は、新しい中世のようにも見えます。でもそれは新しい中世として終わりになるのでもなく、新しい世界帝国の出現によって乗り越えられるのでもなく、地球社会の誕生につながる過渡期の最終局面に現れた現象なのだと思う。そうじゃないとモダンの終わりが、プレモダンへの後退になって終わってしまうからです。
ポストモダンの世界は、新しい中世でも、新しい世界帝国でもなく、地球的規模の構想力にもとづいて建設される地球社会になります。それは国家に一元化された世界を地球的規模で一元化するのではなく、亜国家主体の役割を正しく統合する社会でないといけません。世界を地球的規模で一元化しただけでは世界帝国にしかならないからです。地球社会は無限に多様な自然と人間の総体を、あるがままそのままに統合していく社会とならなくてはいけません。そう考えると、抑止理論はそんな過渡期に成立する理論であり、抑止のジレンマは過渡期の特徴を示すものだったと言えるのではないでしょうか。

核兵器の存在は変更不可能な前提ではなく、抑止理論も所与のものではありません。核兵器の存在を変更不可能な前提と考え、抑止理論を所与のものとみなす思考回路の中に自足しているかぎり、世界史の袋小路を抜け出すことはできるはずもないのです。

冷戦後の世界で抑止と抑止力に執着するということは、世界史の流れをせき止めようとすることですから、決して成就することのない愚行というしかない。「抑止」という言葉は万能の呪文ではありません。そんな無内容で空疎な呪文を弄んでいても何も生まれません。そのような徒労に満ちた虚しい営みからそろそろ脱却すべきだと思います。

ネットワーク・テクノロジーの地平に開かれた無限に多様な世界に身を委ねることを恐れる必要は

ないのですから、そこから核なき世界へと一歩を踏み出していこうではありませんか。それを結論ということにしておきます。

中村桂子『科学者が人間であること』岩波新書、二〇一三年

近代科学の自然観と方法論を土台として築かれ、目覚ましい発展をとげてきた近代文明は、大きな転機を迎えている。二〇一一年三月一一日の東日本大震災と東京電力福島第一原子力発電所の事故は、科学と科学者のあり方を問うものとなった。著者の中村桂子は本書を「二〇一一年三月一一日の大地震と津波、それによって引き起こされた東京電力福島第一原子力発電所の事故は、日本列島に暮らす者としての生き方を考えることを求めるものでした」という文章で書き始めている。そしてさらにそれに続けて、科学者の立場から「科学のありよう、とくに、科学者はどうあらなければならないのだろうかということを考えてみたいと思います」と述べている。

近代科学は人間（精神）と自然（物体）を異なる二種類の実体として区別する二元論と、複雑な現象を単純な要素に還元し、それらの要素のふるまいを明らかにすることで、現象を理解できると考える要素還元主義の方法を特徴としている。こうして人間は自然の外から、計算可能、予測可能、コントロール可能なものとして、自然を認識することが可能となった。このようなデカルトに起源をもつ

近代科学の自然観と方法論は「機械論的世界観」と呼ばれる。中村桂子は、一七世紀の物理学とともに誕生した機械論的世界観に対して、生物学の立場から「人間は生きものであり、自然の中にある」という視点をふまえ、「生命論的世界観」を提唱する。

生命論的世界観は、人間を含む多様な生命が織りなす、ネットワーク構造をもつものとして生命の世界をとらえ、人間もその中に含まれたものと考える。人間は自然の一部であり、自然とともに生きていく存在にほかならない。中村桂子は人間を含む生命の世界に対して、近代科学の分析的な方法でアプローチするのではなく、生命誌の方法で寄りそっていこうとする。地球システムや生態系のような複雑系に対して、機械論的世界観にもとづく近代科学は無力であり、「二一世紀の科学は、あらゆる分野で複雑系に向き合うものになる」ことをふまえると、現代科学は機械論的世界観にもとづくものから、生命論的世界観にもとづくものへと変わっていこうとしているということができるであろう。

複雑系に向き合うことで、「科学の中から科学を否定することなく、新しく転換させる力が生まれ始めている」。機械論的世界観にもとづく近代文明に代わる新しい文明は、生命論的世界観にもとづいて構想されなければならない。中村桂子は生命論的世界観の可能性を、現代に生きるアニミズムの中に探り、宮沢賢治や南方熊楠に導かれて、日本人の自然観に、生命論的世界観を具体化する手がかりを求めている。自然と触れ合う体験についての提言と実践も説得的である。科学者が閉鎖的な専門家集団に自足することなく、日常的な生活者としての感覚をもつことの重要性も指摘されている。科学と科学者のあり方を考えるうえで必読の書である。

生命論的世界観が新しい文明の基礎となるには、物質の世界を機械論的世界観から解放することができなければならない。アニミズムや日本人の自然観だけでは不十分である。現代科学の裏づけがほしい。二〇世紀に誕生した量子力学と、それを基礎として地球的規模で構築されたネットワーク・テクノロジーは、機械論的世界観をこえて生命論的世界観に通じる特徴をもっている。量子力学は人間を含んだ自然を、その一部である人間が認識するという自然認識の構造をもち、ネットワーク・テクノロジーは人間を含んで成り立つ複雑系としての性格を備えている。それらは生命論的世界観にもとづく新しい文明を支える土台となるであろう。

自然に対する支配の終わり——自然災害・原発事故・感染症

一

新型コロナウイルス感染症（COVID-19）の感染拡大はとどまるところを知らず、収束の見通しはまったく立っていない。異常気象による記録的な豪雨は各地で河川の氾濫や堤防の決壊による洪水を引き起こし、東日本大震災の余震と思われる地震も頻発している。東京電力福島第一原子力発電所の事故処理は遅々として進まず、廃炉の目途も立たない状態が続いている。地球温暖化の進行、生態系の破壊、生物多様性の危機など、地球的規模の課題は深刻さを増し、それらの影響は地域社会における日々の暮らしを直撃するものとなっている。国家を問題解決の単位とする国際社会の枠組みは、それらの課題に対して必ずしも有効な対策を打ちだすことができていない。それどころか国家は問題解決を阻害する要因になっているとすらいえよう。それは文明の力が自然の圧倒的な力の前に、その限界をさらけだしていることを示すものにほかならない。そうした状況のなかで、原発の再稼働が進められ、国土強靭化が叫ばれ、新型コロナウイルス感染症の感染拡大を増幅するような政策が推進されている。

医学の歴史は感染症の脅威との不断の闘いの過程としてあった。

感染症はウイルスや細菌といった微生物によって起こるが、これらの微生物は人類が誕生するはるか以前から地球上に存在していたことがわかっている。おそらく、人類はその誕生以来感染症の脅威にさらされてきたものと考えられる。しかし、一九世紀に至るまで感染症が微生物によって起こるという概念すら確立しておらず、人類は感染症と闘うための有効な手段を持っていなかった。この状況が劇的に変わるのは一九世紀の終わりになってからである。感染症を引き起こす細菌などの微生物が次々に発見され、二〇世紀にはいると抗生物質が発見され、多くの感染症が治療可能になった。またワクチンの発展は一九八〇年に天然痘を地球上から根絶するという輝かしい成果を上げることになる。(1)

それは近代科学にもとづく近代医学の成果であった。近代科学の目覚ましい発展は人類を自然の脅威から解放したかに思われた。感染症との闘いにおける近代医学の勝利はその顕著な一例にほかならない。

しかし二〇世紀の末から二一世紀の初めにかけて、新興感染症の問題が注目されるようになってきた。それらの感染症はグローバル化の進展とともに地球的規模へと拡大し、人類にとって新たな脅威となっている。地球的規模の課題には地球的規模の取り組みが不可欠であり、グローバルな課題にはグローバルな解決策が求められている。[2] 新型コロナウイルス感染症の感染拡大はそのことを示すものといえよう。しかしそこに見られるのは、国際協調より自国の利益を優先し、問題の解決を遠ざける国家の姿ばかりである。国際協調が有効に機能せず、国家が的確な解決策を示せないなかで、自治体ごとに独自の取り組みが進められてはいるが、国際社会に対する国家の割拠とともに、国家に対する地域社会の割拠が生まれており、地域相互の連携は必ずしもうまくいっているとはいえない。新型コロナウイルス感染症の感染拡大は、世界を計算可能、予測可能、コントロール可能と考える近代科学の限界のみならず、国家を問題解決の最終単位と考える近代国家の究極の限界を暴露するものでもあった。

世界を観測する主体から切り離し、それを外側から観測することで、世界を明晰判明に記述する客観的知識の体系を構築したのが近代科学であった。それによって自然を計算可能、予測可能、コントロール可能なものとしてとらえることができるようになり、人間は自然に対する支配を確立した。しかし自然に対する支配は人間に対する支配の序章であった。近代文明は近代科学によって可能となった自然に対する支配を基礎として、人間に対する支配を近代国家の枠内に組織するものとしてである。世界を明晰判明にとらえることができると確信した近代科学は、自然に対する支配を近代テクノロジーへと具体化し、近代国家は人間に対する支配を中央集権的な統治構造として完成させた。新型コロナウイルス感染症の感染拡大は、世界が計算可能、予測可能、コントロール可能であるという確信をゆるがし、中央集権的な統治構造の機能不全を白日のもとにさらす結果となった。近代科学は世界の多様性をとらえきれず、近代国家はそれをコントロールできていない。そこでは文明のあり方が問われている。

二

近代科学は自然（物体）を人間（精神）から切り離し、自然を対象的に認識する客観的な自然認識の体系として成立した。自然は認識主体としての人間の主観から独立かつ客観的に存在し、機械的法則にしたがう要素的実体の集合と考えられた。このような近代科学の原型となったものこそ、一七世紀に天文学と力学において自己を確立した物理学にほかならない。いうまでもなくニュートン力学がそれである。そこには自然（物体）を構成する要素として質点（粒子）があり、その運動を記述する数学的に整序された法則がある。それは機械的法則にしたがう要素的実体の運動を記述する体系であった。こうして近代科学は法則的知識の体系として誕生した。そこには機械論的原子論によって構成された自然がある。機械論的原子論は近代科学の自然認識の基本的枠組みであった。一七世紀に成立した近代科学の自然認識は、一八世紀を通じて力学以外の物理学や物理学以外の自然科学へと広がり、一九世紀にはそれらは相次いで機械論的原子論にもとづく近代科学としての存在証明を獲得していった。

一九世紀後半には近代科学にもとづく近代医学が成立し、微生物学の誕生は人類に感染症と闘う有効な手段を提供するものとなった。それは機械論的原子論の一元的有効性を証するものであった。このような近代科学の自然認識は、一九世紀後半から二〇世紀前半にかけて地球的規模で世界を覆いつくしていった。ワトソンとクリックによるＤＮＡの二重らせん構造の発見と、それに続く分子生物学の目覚ましい発展は、生物学における機械論的原子論の決定的な勝利を示すように思われた。しかし二〇世紀は近代科学とは異なる自然認識の枠組みをもった現代科学が生まれ、大きく育っていった時代でもあった。二〇世紀の物理学における最大の発見である相対性理論と量子力学は、近代科学の自然認識の枠組みとは明確に異なる現代科学の自然認識のあり方を開示し、機械論的原子論に終止符を打つものとなった[3]。とりわけ量子力学の衝撃は決定的であった。人間は自然の一部であり、そのような自然の一部である人間が認識主体として、自らをその一部として含む自然を場所的に認識するのである。

量子力学の成立は近代科学と明確に区別された現代科学の誕生であった[4]。ニュートン力学は古典力学となった。自然はもはや機械的法則にしたがう要素的実体の集合ではない。物体の運動を支配する機械的法則は確率的法則に置きかえられ、要素的実体としての粒子は「量子化された場（量子場）」

としてとらえ直された。自然現象は「量子場の相互作用」として記述される。そこには「量子場の相互作用」がつくりだすゆらぎやひずみがあり、そのゆらぎやひずみが物質の世界を成り立たせている。量子力学は世界を計算可能、予測可能、コントロール可能と考える古典力学の世界観を根底から問うものにほかならない。量子力学の成立は世界観における決定的な転回を意味していた。しかしそれは物理学にとどまるものではない。地球的規模で構築されたネットワーク・テクノロジーも、目覚ましい発展をとげた情報科学や生命科学も、現代科学の地平に成立するものとしてある。生態学や地球システム科学などの複雑系の科学も、人間をその一部として含む無限に多様な自然を扱う現代科学であった[5]。

生物学において機械論的原子論の決定的な勝利を示したかに思われた分子生物学も、現代科学としての性格をまぬがれなかった。ゲノムそれ自体が多様な要素から構成された複雑系であり、確率による予測とコントロールによらざるをえないことが明らかとなったからである。変異を続けるウイルスとの関係も、現代科学の自然認識をふまえ、ゆらぎやひずみのなかで考えていかなければならない。感染症との闘いにおける完全な勝利を期待することは幻想でしかない。ネットワーク・テクノロジーも人間という主体を含んで成り立つシステムであり、システムのそのような性格からゆらぎやひずみの発生は不可避である。そしてそのゆらぎやひずみが主体と主体の無限に多様な関係を成り立たせている。それゆえシステムのふるまいはだれにも予測できず、コントロールすることもできない。ネットワーク・テクノロジーは中央集権的な管理体制や権力支配のメカニズムになじまないことを自覚しなければならない。生態系や地球システムも計算可能、予測可能、コントロール可能なシステムではない。

三

近代市民社会は近代的自我として自己自身を自覚した個人から合理的に構成された社会である。それは画一的で一様な抽象的人間から構成された社会であり、個性的で多様な具体的人間を包摂できない社会であった。それは個人という「部品」から「機械」のように組み立てられた社会としてある。近代的個は原子的個であった。近代市民社会は個人という「原子」から「機械」のように組み立てられた社会であり、機械論的原子論にもとづいて構成された社会であった。[6]そこには近代科学（古典力学）の自然認識に呼応する構造をもった社会がある。近代市民社会は近代科学の自然認識の地平に成立する社会であった。近代国家は近代市民社会を主権国家の枠内に秩序づける装置として誕生した。それは近代的自我として自己自身を自覚した個人を国民へと転化し、国民という「原子」から「機械」のように組み立てられた国家であり、機械論的原子論にもとづいて構成された国家としてあった。近代国家は要素的実体としての個人を機械的法則としての秩序によって統合する体制にほかならない。

　こうして国内的に政治的統合をなしとげた国家は、国際的に政治的主体としての資格を独占した主権国家として、国家と国家の関係によって秩序づけられた国際社会を構成する要素となった。そこでは国家内政治（国内政治）によって政治的統合をなしとげた国家だけが、国家間政治（国際政治）に参加する資格を獲得する。そこには国家という「原子」から「機械」のように構成された社会があり、国際社会もまた機械論的原子論にもとづいて構成された社会であった。そこには近代科学の自然認識に呼応する構造をもった社会がある。主権国家と国際社会は近代科学の自然認識の地平に成立する体制であった。近代文明は機械論的原子論にもとづいて構成された自然を基礎として、機械論的原子論にもとづいて構成された社会を組織したものにほかならない。それは自然に対する支配を基礎として人間に対する支配を組織したものであった。自然だけでなく人間にも機械的法則にしたがう要素的実体としての運命が待っていた。それが近代的自我として自己自身を自覚した個人が生きる世界であった。

　近代科学の自然認識は自然に対する支配を近代テクノロジーへと具体化し、近代テクノロジーは近代市民社会の地球的規模への拡大をもたらした。それは文明の駆動力であった。こうして主権国家と国際社会は一九世紀を通じて拡大を続け、近代科学の自然認識と近代市民社会の理念は二〇世紀前半までに地球全域を覆いつくすに至った。しかし二〇世紀前半という時代は、近代科学（古典力学）とは異なる自然認識にもとづく現代科学（量子力学）が生まれ、大きく育っていった時期でもあった。相対性理論の要請を満たす形で量子力学を定式化すると「場の量子論」（相対論的量子論）となる[7]。それは粒子を「量子化された場」としてとらえ、自然現象を「量子場の相互作用」として記述する理論であった。粒子は粒子としての個別性を維持しつつ、場の相互作用を媒介として他の粒子とつながっている。場のゆらぎやひずみが粒子となり、場のゆらぎやひずみの伝播が粒子にはたらく力を媒介する。そのような場のゆらぎやひずみが粒子の生成消滅を通じて無限に多様な物質の世界をつくりだした。

そのような物質の世界におけるゆらぎやひずみのなかから生命が芽生え、無限に多様な生命の世界が形づくられていった。さらに生命の世界のゆらぎやひずみのなかから人間が生まれ、無限に多様な人間の世界の登場となった。物質の世界から生命の世界を経て人間の世界に至る全期間を「量子場の相互作用」の自覚的発展の過程として総括することができよう。人間は「量子場の相互作用」の自覚的発展の過程を経て到達した「量子化された場」の高度に発展した自覚的形態にほかならない。このような人間のあり方を原子的個に対して量子的個とよぶことにしよう。量子的個は「量子場の相互作用」がつくりだす場のゆらぎやひずみを媒介として他の量子的個と関係を結び、そこに無限に多様な個と個の共同性をつくりだす。それは個性的で多様な具体的人間を画一的で一様な抽象的人間の迷宮から救いだすものにほかならない。量子的個は場の量子論の地平に成立する人間のあり方であった。そこで「量子場の相互作用」的な原理にもとづいて統合された社会のあり方を考えなければならない[8]。

四

東日本大震災と東京電力福島第一原子力発電所の事故は、世界を計算可能、予測可能、コントロール可能と考える近代科学の世界観と方法論を問うものとなった。地震や津波の発生を予測できず、原発の事故をコントロールすることにも失敗した。事故処理は遅々として進まず、廃炉の見通しはまったく立っていない。その後も豪雨による洪水、火山の噴火など、近代科学の世界観と方法論の限界を暴露するような事態がくり返されている。新型コロナウイルス感染症の感染拡大のなかで露呈した専門家の醜態は、福島原発の事故を想起させるに十分なものといえよう。地球環境問題は深刻さを増しているが、自国の利益を優先する国家間の思惑が交錯し、十分に有効な措置を講じることができていない。新型コロナウイルス感染症の感染拡大は地球的規模で危機の様相を深めているが、国際社会は連帯して有効な対策を打ちだすことからはほど遠い状況にあるといわざるをえない。そこに主権国家と国際社会の機能不全を見て取ることができよう。それは近代科学と近代国家の限界を示すものであった。

しかし自然災害や原発事故は被災地や被災者の範囲は限られており、すべての人間にかかわる事態であるという認識は生まれにくい。それゆえ他人事という意識を払拭することは困難であった。それに対して新型コロナウイルス感染症の地球的規模での感染拡大は、すべての人間の運命にかかわる事態であるという認識の共有を強く促すものとなった。緊急事態宣言による移動の制限や外出の自粛、学校の閉鎖や休業の要請は、人びとを既存の社会関係から切り離し、「三密」の回避やソーシャル・ディスタンスの維持は、密着した人間関係に封印された人びとを孤立した個へと解体するものとなった。しかしその一方で、リモートワークやウェッブ会議、オンライン授業などの急速な普及は、個へと解体された人間を、ネットワーク・テクノロジーを媒介とした新しい個と個の共同性へと導くものになっているといえよう。ネットワーク・テクノロジーは人間という主体を含んで成り立つシステムであり、そこに生じるゆらぎやひずみの伝播を通じて、無限に多様な個と個の共同性をつくりだしている。

それは都市集中型の社会から地域分散型の社会への転換を強く促すものといえよう。都市集中型の社会は中心に「密」が生まれ、集団感染（クラスター）が発生しやすい構造をもっている。さらに中央集権的な統治構造は、周辺の中心に対する依存度を高め、中心から周辺への感染拡大を増幅するものとなっている。それは都市集中型の社会に潜む脆弱性を顕在化させた。しかしそれは新型コロナウイルス感染症の感染拡大によってはじめて発生した事態ではない。都市集中型の社会は自然災害に対して著しく脆弱であり、地域社会の再生とそれをつなぐネットワークの構築が求められている。地域社会の弱体化は自然災害に対する抵抗力の低下をもたらしている。電力の生産・流通・消費の構造も、自然災害に対して同様の脆弱性を孕んでいる。それらは大量生産・大量消費・大量廃棄の文明に潜むリスクの所在を教えるものにほかならない。自立した多様な地域社会をネットワークでつなぐ分節化された社会のあり方を考えなければならない。新型コロナウイルス感染症の感染拡大はそのことを示すものといえよう。

現代社会は都市集中型で中央集権的な構造の社会から地域分散型で分節化されたネットワーク構造の社会への過渡期にあると考えるべきであろう。それは近代科学（古典力学）の自然認識を基礎とする社会から現代科学（量子力学）の自然認識を基礎とする社会への過渡期の形態にほかならない。新型コロナウイルス感染症の感染拡大は現代社会の過渡期の形態としての特徴を顕在化させることで、その変化を決定的に加速するものとなった。現代科学の自然認識を基礎とする社会は、量子的個としての人間を「量子場の相互作用」的な原理にもとづいて統合する社会でなければならない。地球的規模で構築されたネットワーク・テクノロジーは、新しい個と個の共同性を地球的規模で統合する社会の基盤になるものといえよう。近代科学はゆらぎやひずみを排除する科学であった。これに対して現代科学はゆらぎやひずみと共存する科学としてある。現代社会は国際社会から地球社会への過渡期に成立する社会であり、そこに地球社会の誕生と地域社会の再生が相呼応する構造を見て取ることができる。(9)

五

新型コロナウイルス感染症の感染拡大の最中にもかかわらず、安倍政権は検察官の定年延長を定めた検察庁法改正案の採決を強行しようとした。移動の制限や外出の自粛、大人数での集会の規制という困難な状況にもかかわらず、大勢の市民がツイッター上の「#検察庁法改正案に反対します」という投稿に結集し、安倍政権に検察庁法改正を断念させるに至った。いわゆる「ツイッターデモ」とよばれる現象の出現であった。コロナ対策の迷走に対する批判とも相まって、SNS上で自由な政治的意見を積極的に発信する市民の姿はもはや珍しいものではなくなった。そこには既存の社会関係や密着した人間関係から切り離され孤立した個へと解体された市民が、デジタル端末を通じてネットワークとつながることで、新しい個と個の共同性を模索しながら試行錯誤をくり返す姿がある。そしてそれはネットワーク・テクノロジーの地平に成立する新しい個と個の共同性をふまえた社会のあり方を予感させるものとしてある。それが中央集権的な統治構造と相容れないものであることはいうまでもない。

これまでも福島原発の事故を契機として広範な広がりをみせた反原発運動や、安全保障関連法案に対する大規模な反対闘争などが、SNSを情報交換の場としてくり返されてきた。そこでは新しい個と個の共同性に通底するさまざまな取り組みがなされてきた[10]。それらの運動は原発の再稼働を阻止できず、安全保障関連法の成立も許してしまったが、ネットワーク・テクノロジーの地平に成立する多様な関係が、中央集権的な統治構造を無化する可能性を感じさせるものとしてあった。そこには中央集権的な統治構造のもとで組織的に動員された運動とは異なる横から横へとつながっていく新しい運動のスタイルがある。(11) 検察庁法改正を阻止したツイッターデモは、そうした運動の積み重ねが新型コロナウイルス感染症の感染拡大という状況のなかで結実したものにほかならない。それは既存の社会関係や密着した人間関係をゆるがし、その亀裂のなかから姿を現した新しい個と個の共同性の萌芽であった。そしてそれはネットワーク・テクノロジーに秘められた大きな可能性を示唆するものといえよう。

地球的規模で構築されたネットワーク・テクノロジーは、電子情報テクノロジーの目覚ましい発展によって可能となったものであり、それもまた現代科学（量子力学）の所産であった。ネットワーク・テクノロジーはさまざまな要素から構成される複雑なシステムであるにとどまらず、人間という主体の多様な活動を含んで成り立つシステムであり、生態系によく似た構造をもっているといえよう。生態系では多種多様な生物の活動が物質循環をつくりだし、その物質循環が多種多様な生物の活動を保証している。ネットワーク・テクノロジーの地平に成立する多様な人間の活動は、さまざまな要素から構成されるシステムを通じた情報の流通によって保証されている。そこには人間をその一部として含むシステムがあり、それもまた複雑系としての性格をもっている。地球システムも人間を含んで成り立つシステムであり、人間も生態系の一員と考えるべきであろう。それゆえそれらはいずれも計算可能、予測可能、コントロール可能なシステムではなく、自然に対する支配を拒否するものとしてある。

近代科学の自然認識は自然に対する支配を近代テクノロジーへと具体化し、現代テクノロジーはその延長線上に成立した。しかし現代テクノロジーは現代科学の成果を大量に含んで成り立っており、近代科学の世界観と方法論に素直にしたがうものではない。近代テクノロジーはゆらぎやひずみを排除することで、システムの厳密な制御を追求してきた。これに対して現代テクノロジーを構成する現代科学の成果はゆらぎやひずみを排除するのではなく、ゆらぎやひずみの介在を当たり前の前提として受容し、それを活かしたシステムの制御を実現しようとしている。[12] それこそが現代科学の世界観と方法論にもとづくこれからのテクノロジーのあり方であり、現代テクノロジーは自然を支配するテクノロジーから自然と共存するテクノロジーへの過渡期の形態と考えることができよう。そこには現代科学の成果を近代科学の枠組みで管理する構造がある。[13] 現代科学の成果は未来に開かれており、近代科学の枠組みは過去に閉ざされている。現代科学の成果を近代科学の枠組みから解放しなければならない。

六

弥生時代は大規模な灌漑設備をともなう本格的な水田稲作が、朝鮮半島を経由して九州北部に上陸し、しだいに列島各地を覆いつくしていった時代である[14]。弥生社会は水田稲作に特化した選択的生業構造を基礎として成立する社会であった。これに対して縄文社会は、豊かで多様な生態系を活用した網羅的生業構造によって、長期にわたる安定した定住生活を実現した社会であった。弥生社会は自然に対する支配を組織した社会であり、河川下流域に水田を開いて集落を築き、金属器の出現を経て生産力の向上と人口集中現象が進行した社会であった。それゆえ河川の氾濫による洪水や環境汚染、人口集中にともなう感染症の発生などのリスクを孕んだ社会であった[15]。弥生社会の選択的生業構造は、都市集中型で中央集権的な構造の社会を生みだしていった。それは自然に対する支配を組織した社会にほかならない。これに対して縄文社会の網羅的生業構造は、地域分散型で分節化されたネットワーク構造の社会に通じていた。そこには自然に対する支配ではなく、自然との共生を組織した社会があった。

農業の開始に先立つ社会は、自然の一員としての人間が自然のなかで、自然の生命力に依拠して生活する自然社会であった。縄文社会は自然社会の基本的枠組みを維持しつつ、長期にわたる安定した定住生活を実現した高度に成熟した自然社会であった[16]。農業の開始によって人間は自然に対する特権的な位置を獲得し、自然の生命力を農業生産力として自覚的に組織し管理することが可能となった。農業社会はそこに成立した。それは自然に対する支配を自覚的に組織し、それを基礎として人間に対する支配を自覚的に組織する社会の誕生であった。そしてそれは文明の誕生に通じていた[17]。弥生社会の成立はその序章であった。しかしそれは同時に自然災害や環境汚染、感染症などのリスクを孕んだ社会の誕生でもあった。くり返される自然災害や原発事故、環境破壊や新興感染症の脅威は、農業社会に源流をもつ自然に対する支配の帰結であるといえよう。現代社会に潜む脆弱性はそれだけの歴史的射程をもっていることを忘れてはならない。それは自然に対する支配の終わりを予告するものであった。

ＳＮＳを情報交換の場として生まれつつある新しい個と個の共同性に中世の一揆に通じるものがあるという指摘がなされている。[18]しかしその射程は中世にとどまるものではない。農業社会の自然認識は自然に対する支配を志向する点で近代科学のそれに通じている。近代科学の世界観と方法論は農業社会のそれを相続し極限まで徹底したものということができよう。これに対して自然社会の自然認識は量子力学や複雑系の科学のそれに通じるものがある。現代科学の世界観と方法論は自然社会のそれが自覚的な論理と方法をもつ体系として復活したものといえよう。[19]縄文社会の原体験は弥生社会の成立を経てもなお容易に消え去ることなく、農業社会の深層に根強く生き続けた。それは縄文のエトスに色濃く刻印された農業社会であった。中世の一揆は農業社会のゆらぎやひずみのなかから噴出した縄文のエトスが乱舞する姿にほかならない。現代社会のゆらぎやひずみのなかに浮かんでは消える新しい個と個の共同性の萌芽は、そのような縄文社会の原体験にまでさかのぼって考えるべきものといえよう。[20]

それは地球的規模で縄文社会の復活を予告するものにほかならない。縄文社会の地域分散型で分節化されたネットワーク構造の社会は地球社会のモデルとなるであろう。縄文文化についての近年の研究成果には目覚ましいものがある。それはこれまでの縄文社会の姿を大きく書き替えるものであった。「縄文文化を現代社会に活かそうとする試み」を「縄文ルネサンス」としてとらえ、それを人類史的観点から見る必要があることを主張する論考も登場した(21)。縄文社会を既存のイメージの呪縛から解放することは、現代科学の成果を近代科学の枠組みから解放することに通じている。そしてそれは自然と人間を近代科学と近代国家の桎梏から解放することにほかならない。中央集権的な管理体制と権力支配のメカニズムの機能不全はもはや明らかであり、中央集権的な統治構造に地球と人類の未来を託すことはできない。新型コロナウイルス感染症の感染拡大はそのことを地球的規模で教えるものといえよう。そこに芽生えた新しい個と個の共同性は地球社会への可能性を予感させるものにほかならない。

(1) 押谷仁「病気に国境はない」矢﨑義雄編『医の未来』(岩波書店、二〇一一年)九四頁。
(2) 同右書、九三―一一〇頁参照。
(3) 相対性理論と量子力学の形成過程については、広重徹『物理学史Ⅱ』(培風館、一九六八年)四六―一九八頁参照。
(4) 拙著『核時代の思想史的研究』(北樹出版、一九八五年)一六二―一六六頁、二三四―二四三頁参照。

（5）岡田節人『ヒトと生きものたちの科学のいま』（岩波書店、二〇〇一年）三―六八頁、米沢富美子『人物で語る物理入門（下）』（岩波書店、二〇〇六年）二一一―二三四頁、池内了『科学の限界』（筑摩書房、二〇一二年）九五―一五三頁、中村桂子『科学者が人間であること』（岩波書店、二〇一三年）一四一―二三九頁、他参照。
（6）三木清はこのような機械論的原子論を「ゲゼルシャフト的アトミズム」とよぶ。三木清「形の哲学とゲマインシャフト」『三木清全集』第十巻（岩波書店、一九六七年）四六二―四六四頁参照。
（7）前掲『核時代の思想史的研究』一六三頁、二三九―二四一頁参照。
（8）拙著『全共闘運動の思想的総括』（北樹出版、二〇一〇年）一三一―一八九頁参照。
（9）同右。
（10）田村あずみ『不安の時代の抵抗論――災厄後の社会を生きる想像力』（花伝社、二〇二〇年）参照。
（11）拙稿「メディアの革命から革命のメディアへ――テクノロジーの変容の彼方に」『経済学論叢』（同志社大学経済学会）第七〇巻第四号、二〇一九年三月、八九―一一二頁〔本書、六七―九七頁〕参照。
（12）柳田敏雄「『ゆらぎ』を使うあいまいな動きと高次な生命機能」武田先端知財団編『「ゆらぎ」の力――はやぶさの帰還・宇宙の始まり・高次な生命機能』（ケイ・ディー・ネオブック、二〇一一年）六三―九一頁参照。
（13）前掲『全共闘運動の思想的総括』七七―一二九頁参照。
（14）藤尾慎一郎『弥生時代の歴史』（講談社、二〇一五年）参照。
（15）同右。
（16）拙著『日本革命の思想的系譜』（北樹出版、一九九四年）三一七―三五八頁参照。
（17）同右。
（18）呉座勇一『一揆の原理――日本中世の一揆から現代のＳＮＳまで』（洋泉社、二〇一二年）参照。
（19）前掲『日本革命の思想的系譜』二五九―三一六頁参照。
（20）前掲『全共闘運動の思想的総括』一九―七五頁参照。
（21）古谷嘉章『縄文ルネサンス――現代社会が発見する新しい縄文』（平凡社、二〇一九年）参照。

人新世の科学論――斎藤幸平『人新世の「資本論」』を読んで

人新世は人間の活動が地球全域を覆いつくし、地球システムの生物地球化学的循環に不可逆的な変化を引き起こした時代である。それは安定した気候が約一万二〇〇〇年にわたって続き、農業と文明の出現をもたらした完新世が終わり、新しい地質年代が始まったことを意味していた。この人新世の提唱者であるパウル・クルッツェンは、その起点をジェームズ・ワットが蒸気機関の発明特許を取得した一七八四年に求めている。産業革命を通して石炭の使用と蒸気機関が普及し、交通機関の発達とともに、人間の活動は地球的規模へと拡大していった。そして一九世紀末から二〇世紀初頭までに、ほぼ地球全域を覆いつくすに至った。さらに第二次世界大戦後の一九四五年以降における人間の活動は飛躍的な成長を遂げ、大加速時代が到来した。二酸化炭素の排出増大に起因する気候変動、生態系の破壊による生物多様性の減少、人工放射性同位体や合成化学物質、遺伝子組換え作物などの広範な拡散は、地球システムの生物地球化学的循環に生じた不可逆的な変化を弥増しに増幅している。

工業生産力は物質的自然と人間の関係を組織したものであり、生物的自然と人間の関係を組織した農業生産力と比べて、自然に対する支配を著しく強化するものであった。そしてそこには一七世紀科学革命が生みだした近代科学（古典力学）の自然認識があった。近代科学は自然を観測主体から切り離し、それを外側から対象的に観測することで、自然を明晰判明に記述する客観的知識の体系を構築した。それによって自然は計算可能、予測可能、コントロール可能な世界となり、人間は自然に対する強固な支配を確立した。しかし自然に対する支配は人間に対する支配に通じていた。完新世の安定した気候のもとで成立し維持されてきた農業社会のシステムは、自然に対する支配を基礎とした人間に対する支配を、生物的自然と人間の関係にもとづいて組織したものであり、資本主義のシステムは近代科学の自然認識を媒介として、生物的自然と人間の関係から物質的自然と人間の関係へと、自然と人間の関係を拡張することで農業社会のシステムを継承し、それを徹底したものであった。

完新世の温暖で安定した気候のもとで、人類は定住生活を開始し、定住生活にともなう生物的自然への人為的介入を経て、農業（農耕・牧畜）を始める。それは生態系への人為的介入と管理を通じて、生物多様性の減少をもたらす営為であった。完新世の気候は更新世より安定しているとはいえ、天変地異は逃れるべくもなく、生物多様性の減少した農地で営まれる農業生産には、わずかな気候変動でも十分な脅威であった。それゆえ農業社会における自然と人間に対する支配には神の権威による裏づけを必要とした。また農業生産は地域の生態系の多様性に適応しなければならず、固有の生態系についての知識と経験の蓄積と継承が不可欠であり、地域の共同体の果たす役割は決定的であった。そこには更新世にまでさかのぼる知識と経験の蓄積と継承があった。農業社会は地域の共同体を包摂し、それを体制内に馴致することで維持されてきた。農業社会のシステムは神と共同体に制約されつつ、それらに支えられて自然に対する支配を基礎とした人間に対する支配を組織する体制としてあった。

資本主義のシステムは近代科学の自然認識を媒介として、農業社会のシステムを神と共同体の制約から解放し、自然と人間に対する支配をより一層徹底する形で継承したものにほかならない。そこには自然を支配する科学を、自然を支配する技術として利用する近代テクノロジーの発展があり、そのような近代テクノロジーを駆動力として、資本主義のシステムは地球的規模へと拡大していった。しかし近代科学の自然認識がほぼ地球全域を覆いつくした二〇世紀の前半には、近代科学と明確に異なる自然認識をもつ現代科学（量子力学）が誕生し、二〇世紀の後半には現代科学の成果が相次いで実用化されていった。現代科学の誕生は二〇世紀科学革命として位置づけることができ、現代科学の自然認識の特徴は人間を自然の一部と考える点にあった。人間は自然の一部であり、自然の一部である人間が観測主体として、自らをその一部として含む自然を内側から観測するのである。もはや世界を外側から計算可能、予測可能、コントロール可能なものとしてとらえつくすことはできない。

現代テクノロジーは現代科学の成果を近代科学の枠組みで管理する構造をもっている。それは自然と共生する科学を自然と共生する技術としてではなく、自然を支配する科学の枠組みのなかで自然を支配する技術として浪費する構造にほかならない。そしてそれは現代科学の成果を近代科学の枠組みの延命に利用する構造であり、大加速時代は現代科学の成果を近代科学の枠組みで管理する構造に特徴づけられた時代としてある。それはテクノロジーとエコロジーを分断する構造であった。人新世における資本主義のシステムは大加速時代に至って、有限な地球という限界によって外側から制約されているだけでなく、現代テクノロジーの内在的構造に含まれる現代科学の成果によって、内側からも制約されていることを見落としてはならない。そこに大加速時代の逆説がある。しかし人間を自然の一部と考える自然認識のあり方は現代科学のそれに限られたものではない。そこには農業社会に先立つ自然社会の自然認識のあり方に深く通じるものがある。大加速時代は更新世に通じていた。

現代科学の自然認識は完新世をこえて更新世における自然社会のそれを、生物的自然と人間の関係から物質的自然と人間の関係へと、自然と人間の関係を拡張することで、自覚的な論理の体系として復活したものであった。農業社会の共同体に継承されてきた知識と経験は、自然社会のそれを農業社会の枠組みに包摂された制約のなかで守り続けてきたものにほかならない。デヴィッド・グレーバーのいう「基盤的コミュニズム」は、自然社会における自然と人間の関係を基礎とした人間と人間の関係に、その源流を求めることができるであろう。自然社会に統治機構はないが、ホッブズ的な「万人の万人に対する闘争」もない。自然状態は野蛮状態ではない。それは国家の誕生を正統化するためにつくられた神話であり、共同体から切り離され在所に迷う人間の自画像にすぎない。そのような「野蛮状態」と対比される「脱成長コミュニズム」の限界はもはや明らかであろう。それではホッブズ的論理の呪縛を解くことも、完新世をこえて更新世にまで届く歴史的射程をもつこともできない。

現代科学の成果を近代科学の枠組みから解放し、共同体に継承されてきた知識と経験を農業社会の枠組みから解放することが喫緊の課題である。そしてそれだけがテクノロジーとエコロジーの協働を可能にする。地球システムの生物地球化学的循環に刻み込まれた不可逆的な変化への対応は、テクノロジーとエコロジーの協働なしに不可能であろう。もちろん脱成長は不可避の課題である。しかしそれが実現したとしても、地球システムはすでに十分な熱エネルギーを含んでおり、もはや完新世の安定した気候にもどることはできない。人新世は大加速時代を経て新しい段階を迎えようとしているが、そこで人類は激しい気候変動とともに生きていかなければならない。世界は計算可能、予測可能、コントロール可能ではないことを深く自覚した生き方が求められている。自然の一部として、自然のなかで自然とともに生きる社会を、更新世における自然社会のあり方を通して考えていかなければならない。そこには自然と人間の共生を基礎として人間と人間の共生を組織する社会があった。

人新世の社会主義——社会主義二〇〇年

一

斎藤幸平は『人新世の「資本論」』において「地球環境の破壊を行っている犯人が、無限の経済成長を追い求める資本主義システムだからだ。そう、資本主義こそが、気候変動をはじめとする環境危機の原因にほかならない[1]」と述べている。「人間を資本蓄積のための道具として扱う資本主義は、自然もまた単なる掠奪の対象とみなす[2]」。「そして、そのような社会システムが、無限の経済成長を目指せば、地球環境が危機的状況に陥るのは、いわば当然の帰結なのである[3]」。「人類の経済活動が全地球を覆ってしまった『人新世』とは、そのような収奪と転嫁を行うための外部が消尽した時代だといってもいい[4]」。「資本主義がどれほどうまく回っているように見えても、究極的には、地球は有限である[5]」。「ここには、資本の力では克服できない限界が存在する。資本は無限の価値増殖を目指すが、地球は有限である。外部を使いつくすと、今までのやり方はうまくいかなくなる。危機が始まるのだ。

これが『人新世』の危機の本質である」[6]。資本主義は地球的規模で限界に直面している。

そしてそのような人新世の危機から脱却するための手がかりを、晩年のマルクスによる共同体とエコロジーの研究に求め「脱成長コミュニズム」を提唱する。「コミュニズムは、無限の価値増殖を求めて地球を荒廃させる資本を打倒する。そして、地球全体を〈コモン〉として、みんなで管理しようというのである」[7]。さらにマルクスは「エコロジー研究と非西欧・前資本主義社会の共同体研究」[8]を通じて、共同体における「経済成長をしない循環型の定常型経済」[9]に到達した。それは生産力至上主義とヨーロッパ中心主義が密接に結びついた進歩史観の終焉としてである。[10]そしてそこからマルクスは「ザスーリチ宛の手紙」に述べられている「原古的な類型のより高次の形態である集団的な生産および領有へと復帰する」という地点を獲得した。[11]斎藤は「最晩年に書かれたこのザスーリチ宛の手紙は、『人新世』を私たちが生き延びるために欠かせないマルクスの遺言なのである」[12]と述べている。それは自然と人間の共生を基礎として人間と人間の共生を組織する社会の誕生を予告するものといえよう。

さらに斎藤は「晩年のマルクスは進歩史観を否定し、前資本主義的な共同体における、伝統に重きを置いた定常型経済を評価していた。だが、そのことは、科学やテクノロジーの拒否を意味しない。生産者たちが、自然科学を使って、自然との物質代謝を『合理的に規制』することを、マルクスはあくまでも、求めていたのである」[13]と続ける。そしてフランスのマルクス主義者アンドレ・ゴルツの最晩年の論考をふまえ「開放的技術」と「閉鎖的技術」の区別が重要であると指摘する。[14] 開放的技術は「コミュニケーション、協業、他者との交流を促進する」技術であり、再生可能エネルギーや通信技術がこれに当たる。それに対して閉鎖的技術は人びとを分断し、「利用者を奴隷化し」「生産物ならびにサービスの供給を独占する」技術を指し、その代表格は原子力発電である。脱成長コミュニズムに必要なのは閉鎖的技術ではなく開放的技術である。[15] しかしそれらは外形的機能のレベルで実体的に区別されているにとどまり、科学やテクノロジーの内在的論理との関係は必ずしも明確ではない。

斎藤は気候変動が進行すれば、統治機構への信頼が失われ「万人の万人に対する闘争」というホッブズの「自然状態」に逆戻りすると述べている。[16] 脱成長コミュニズムはそのような「野蛮状態」を回避するための唯一の選択肢として提示されている。[17] しかし人類学の知見によれば、自然状態は野蛮状態ではない。[18] デヴィッド・グレーバーはそのような「ホッブズ的論理」を「西洋的伝統にここまで深く埋め込まれていても他の社会ではむしろ奇異な」ものであるという。[19] そう考えると「ホッブズ的論理」を前提として語られる脱成長コミュニズムもまた、ヨーロッパ中心主義に呪縛されたものといわざるをえない。脱成長コミュニズムは、無限に多様な人間の活動を開放的技術によって結びつけ、分散型ネットワーク社会に統合するものにほかならない。[20] そしてそのために地球を〈コモン〉として管理し、地球的規模で共同体的規制に服することが求められる。しかしそれは「ホッブズ的論理」を媒介することで、地球的規模の「リヴァイアサン」を呼び寄せるものとなるしかないであろう。

斎藤の所説になお残る疑問をあと二点ほど指摘しておきたい。ひとつは資本主義のシステムが人間から独立な法則にしたがって作動する精密機械のように描かれていることである。その姿はすぐれて機械論的であるといえよう。もうひとつは脱成長コミュニズムが「使用価値」を重視する社会への移行を目指している点にある。(21) しかし使用価値は使用する人間の側から自然に付与された価値であり、自然の側から人間を見る視点はない。そこには逃れがたく人間中心主義が露呈している。これらの機械論と人間中心主義はいずれも自然（物体）と人間（精神）を分断する近代の二元論にもとづくものであり、近代主義の枠組みに限界づけられたものにほかならない。斎藤幸平の脱成長コミュニズムは近代主義の枠内にとどまっている。本章では現代科学と現代テクノロジーの内在的論理と、人新世の地球史と人類史における位置づけをふまえ、斎藤の所説を検討しつつ、社会主義二〇〇年の総括と社会主義再生の可能性を探っていこうと思う。社会主義二〇〇年は人新世の全期間と一致する。

二

パウル・クルッツェンは地質学的に新しい時代が到来したことを主張し、その新しい地質年代を「人新世」と呼ぶことを提案した。それは人間の活動が地球全域を覆いつくし、地球システムの生物地球化学的循環に不可逆的変化を引き起こした時代である。そしてそれは安定した気候が約一万二〇〇〇年にわたって続いた完新世が終わり、新しい地質年代が始まったことを意味していた。クルッツェンはこの人新世の起点をジェームズ・ワットが蒸気機関の発明特許を取得した一七八四年に求めている。[22] 産業革命を通して石炭の使用と蒸気機関が普及し、交通機関の発達とともに、人間の活動は地球的規模へと拡大していった。さらに第二次世界大戦後の一九四五年以降における人間の活動は飛躍的な成長をとげ、「大加速」の時代が到来した。[23] 二酸化炭素の排出増大に起因する気候変動、生態系の破壊による生物多様性の減少、人工放射性同位体や合成化学物質、遺伝子組換え作物などの広範な拡散は、地球システムの生物地球化学的循環に生じた不可逆的変化をいや増しに増幅している。

人新世の起点を産業革命が生みだした工業生産力にもとづいて、無限の経済成長を追求する資本主義のシステムが本格的な始動を開始した一八世紀末に求めるのが一般的であるが、それ以外の時点に人新世の起点を求める見解もないわけではない。ジェームズ・C・スコットは人新世が更新世における火の使用から始まったとしている。[24] またウイリアム・ラディマンは完新世における森林破壊と農耕・牧畜によって、地球の気候を変えるのに十分な温室効果ガスが排出されていた可能性を指摘している。[25] 二酸化炭素は八〇〇〇年前ごろから、メタンは五〇〇〇年前ごろから、大気中への排出増大が始まっていたというのである。[26] もっとも新しい時点に人新世の起点を求めるのは、二〇世紀後半以降における大加速の始まりをその起点とする立場である。[27] ネヴァタ砂漠で最初の原子爆弾の実験に成功した一九四五年七月一六日以降、人工放射性同位体の大気中への放出は続いており、二酸化炭素の排出増大、生物多様性の減少、合成化学物質や遺伝子組換え作物などの広範な拡散も顕著である。

このように人新世の始まりについて諸説あるが、産業革命を契機とした石炭の燃焼とその後の化石燃料の使用による二酸化炭素の排出増大に注目して、大気中の二酸化炭素濃度を指標に考えると、クルッツェンの提言にしたがって、その起点を一八世紀末に求めるのが妥当であろう。[28] 二〇世紀後半以降の大加速はその延長線上に位置づけるべきものといえよう。そこにおける化石燃料の大量消費による大気中の二酸化炭素濃度の指数関数的増大には驚異的なものがある。人新世の社会は物質的自然と人間の関係を工業生産力という形で組織し、それを基礎として成立する工業社会である。これに対して更新世の社会は人間が自然の一部として自然のなかで、自然の生命力に依存して生活する自然社会であり、完新世の社会は自然の生命力を生物的自然と人間の関係に即して農業生産力という形で組織し、それを基礎として成立する農業社会であった。地質年代における更新世、完新世、人新世という時代区分は、人類史における自然社会、農業社会、工業社会という時代区分に対応している。[29]

更新世は氷期と間氷期がくり返される氷河期であり、激しい気候変動に脅かされ続ける自然社会の生活には厳しいものがあった。火の使用が厳しい自然のなかで暮らす人類にとって助けとなったことはいうまでもない。しかしそれが自然に及ぼす影響は著しく限定的であり、自然の生命力に依存し自然と共生する社会である自然社会の基本的性格を変えるものではなかった。最終氷期が終わり更新世の幕が閉じると、完新世が後氷期としてその幕を開けた。温帯域の温暖で安定した気候のもとで人類は定住生活を開始した。[30] 完新世における定住生活にともなう集落の周囲の生物的自然への持続的な人為的介入は、農業（農耕・牧畜）の始まりにつながっていった。完新世は後氷期ではあるが、それはつぎの氷期へと続くつかの間の間氷期であった。森林破壊と農業の開始は二酸化炭素やメタンなどの温室効果ガスの大気中への排出をもたらし、その温室効果によって完新世はつぎの氷期に突入することなく、温暖で安定した気候を維持することができたというのがラジュマンの指摘であった[31]。

完新世における農業社会の成立は、大気中への温室効果ガスの排出によって、つぎの氷期に突入する時期を遅らせることで、長期にわたる温暖で安定した気候を維持することを可能にした。完新世の温暖な気候のなかで人類は定住生活を開始し、定住生活から生まれた農業がつぎの氷期に突入する時期を遅らせ、それが農業社会の存続と文明の発展を支えてきた。そこではつぎの氷期に向かう地球システムと、大気中に排出される温室効果ガスの間に均衡が保たれている。それが約一万二〇〇〇年にわたる完新世の安定した気候を維持してきたメカニズムであった。産業革命を起点とする化石燃料の使用は、大気中への二酸化炭素の排出増大をもたらし、完新世における地球システムと人間の経済活動の均衡を崩すものとなった。人新世における工業社会の成立は、この均衡を崩し続けることで経済成長を追求する社会の誕生にほかならなかった。資本主義のシステムは工業社会の中核的メカニズムであり、社会主義は工業社会の枠内で、資本主義のシステムに対抗する思想として誕生した。

三

人新世は産業革命が生みだした工業生産力にもとづいて、無限の経済成長を追求する資本主義のシステムに呪縛された時代であった。工業生産力は物質的自然と人間の関係を自覚的に再構成し、自然に対する支配を組織したものであり、資本主義のシステムはそのような自然に対する支配を基礎として、人間に対する支配を高度に組織した体制にほかならない。世界は計算可能、予測可能、コントロール可能であり、無限に利用できる資源と考えられていた。それは工業生産力と資本主義のシステムにとって存立基盤となる世界認識であった。このような世界認識のあり方が近代科学の世界観と方法論に呼応するものであることはいうまでもないであろう。それは一七世紀の科学革命を経て確立された世界観と方法論であり、それこそが工業生産力を生みだし、資本主義のシステムを登場させた時代精神であった。自然に対する支配と人間に対する支配は近代科学の世界観と方法論にすでに胚胎していた。人新世は近代科学の世界観と方法論に刻印された時代であったということができよう。

近代科学は一七世紀の物理学、具体的には天文学と力学において芽生え、ガリレイからニュートンに至る営為を経て、一七世紀半ばのニュートン力学（古典力学）の成立によって誕生した。それは自然（物体）と人間（精神）を分断する二元論の枠内で、物質的自然について探究する自然科学として出発した。自然現象は永遠に続く均質な時間（絶対時間）と無限に広がる一様な空間（絶対空間）のなかで、機械的法則にしたがう要素的実体の運動として記述される。[32] そこには機械論的原子論の世界観と方法論があった。それは中世の自然学を支配した有機体的生気論の世界観と方法論を打破するものにほかならない。近代科学の誕生は有機体的生気論から機械論的原子論へという世界観と方法論における転回をともなっていた。[33] 近代科学の世界観と方法論によって計算可能、予測可能、コントロール可能な世界を考えることができるようになり、時間と空間の概念は世界を無限に利用できる資源として認識することを可能にした。こうして人間は自然の外に自然を支配する拠点を確保した。[34]

人間は自然の長い営みのなかから自然の一部として生まれ、自然の一部として自然のなかで生きてきた。自然と人間を分断する近代の二元論は、そのような自然と人間の原初の関係を疎外するものであり、それゆえ自然に対する支配は人間に対する支配に通じていた。近代市民社会は近代的自我として自己自身を自覚した自由で平等な個人という均質な「原子」から合理的に構成された「機械」のような社会であり、機械論的原子論にもとづいて構成された社会であった。近代的自我として自己自身を自覚した個人は原子的個であり、そこに個と個を媒介する内的契機はない。[35] したがって個人が平等な立場で自由を追求すれば「万人の万人に対する闘争」の「自然状態」となり、そこに秩序を確立するための外的契機として「リヴァイアサン」が不可欠となる。[36] 人間に対する支配を組織する近代国家は「ホッブズ的論理」にもとづいて成立していた。自然を機械的法則にしたがう要素的実体の集合と認識した人間には、自らも機械的法則にしたがう要素的実体としての運命が待っていた。

一七世紀に誕生した近代科学の世界観と方法論は、一八世紀には天文学と力学以外の物理学の分野や、化学など他の自然科学の領域へと浸透し、それらの諸科学は相次いで機械論的原子論にもとづく近代科学としての存在証明を獲得していった(37)。そしてそれらの自然科学の諸分野は、一八世紀後半に始まった産業革命との密接なつながりのなかで目覚ましい成長をとげ、近代テクノロジーの発展を駆動する原動力となっていった。そこには科学の発展が新しい技術を生みだし、技術の発展が新しい科学の可能性を開くといった、科学と技術の相互交流による発展があった(38)。相携えて進んだ熱力学の発展と熱機関の改良はその典型的な事例であるといえよう。有機体的生気論にもとづく記述的科学として、機械論的原子論に対する執拗な反抗の姿勢を見せていた生物学においても、一九世紀後半には「細胞」の発見によって、生物を細胞という「原子」から構成された「機械」と考える見方が定着していった。一九世紀末における細胞学の確立は生物学における機械論的原子論の勝利であった(39)。

一七世紀の科学革命と一八世紀の産業革命を経て成立した工業社会は、一九世紀を通じて地球的規模へと拡大を続け、近代テクノロジーの発展を駆動力として、二〇世紀前半までにはほぼ地球全域を覆いつくすに至った。そしてそれは近代科学の世界観と方法論が地球的規模で世界を覆いつくしたことを意味していた。しかしその近代科学の世界観と方法論が地球全域を覆いつくしていった二〇世紀前半は、それと異質な世界観と方法論にもとづく現代科学が生まれ、大きく育っていった時代でもある(40)。そして二〇世紀後半にはそのような現代科学の成果が相次いで実用化されていった(41)。近代テクノロジーは近代科学の成果を近代科学の枠組みで管理する構造をもっていた。これに対して現代テクノロジーは近代テクノロジーの延長線上に登場したものではあるが、そこに現代科学の成果が大量に導入されることで、それと異質の要素を含んだものとなった。そこには現代科学の成果を近代科学の枠組みで管理する構造があり、このような現代テクノロジーの発展が大加速の駆動力となった。[42]

四

二〇世紀の物理学における最大の発見である相対性理論と量子力学は、時空と物質の概念に革命的な変化をもたらした。[43] 時間と空間は独立に存在するのではなく、絶対時間と絶対空間という古典力学の概念は、四次元時空に統一され、時空の相対性と有限性に置きかえられた。また自然の観測者である人間は、自然から独立な認識主体として自然の外にいるのではなく、自然の一部として自然の内にあることが明らかとなった。機械的法則は確率的法則に置きかえられ、自然現象は要素的実体の運動ではなく、時空のゆらぎやひずみである場の相互作用としてとらえ直された。それは機械論的原子論の端的な終焉を意味していた。相対性理論と量子力学は近代科学の世界観と方法論を根底からゆるがしていった。とりわけ量子力学の衝撃は決定的であった。そこには古典力学と異質な世界観と方法論がある。量子力学の成立は近代科学と明確に区別された現代科学の誕生であった。[44] 世界は有限であり、ゆらぎやひずみを含んだ世界は、計算可能、予測可能、コントロール可能な世界ではない。

核兵器は最初に実用化された現代科学の成果であった[45]。一九四五年の原子爆弾の実験成功と広島・長崎への投下、さらにそれに続く水素爆弾の実験成功は、地球的規模の破壊力が人類の手に委ねられたことを意味していた。それは人間の活動が惑星限界に到達したことを示すものであり、人新世が大加速という新しい段階に突入したことを示す明確な指標となっていた。核兵器は核弾頭とその運搬手段、それらを運用するための指揮通信情報システムなど、多様な技術的要素から構成され、さらにそれにかかわる大勢の人間を含む複雑なシステムであり、それゆえシステムの運用に際してゆらぎやひずみの発生は不可避であった[46]。しかし核兵器だけが現代科学の成果ではない。電子情報テクノロジーの高密度な展開を通じて地球的規模で構築されたネットワーク・テクノロジーも、目覚ましい発展をとげた情報科学や生命科学も、まぎれもなく現代科学の所産であった。生態学や地球システム科学などの複雑系の科学も、人間をその一部として含む無限に多様な自然を扱う現代科学であった[47]。

一九世紀末に生物学は細胞学の確立によって近代科学としての存在証明を獲得した。二〇世紀後半におけるDNAの二重らせん構造の発見と、それに続く分子生物学の目覚ましい発展は、生物学における機械論的原子論の決定的な勝利を示したかのように思われた。しかしゲノム自体が多様な要素からなる複雑系であり、そこでもゆらぎやひずみの発生は不可避であった。それゆえ確率にもとづく予測とコントロールによらざるをえない。しかもそこでは人間を含む生命が考えられている[48]。このように生命科学も明確に現代科学としての特徴をもっている。ネットワーク・テクノロジーも人間を含んで成り立つシステムであり、ここでもゆらぎやひずみの発生は不可避であった[49]。そしてそのゆらぎやひずみが人間と人間の無限に多様な関係を成り立たせている。それゆえシステムのふるまいはだれにも予測できず、コントロールすることもできない。生態系や地球システムも人間をその一部として含む無限に多様な複雑系であり、計算可能、予測可能、コントロール可能なシステムではない。

第二次世界大戦後において資本主義のシステムを駆動する原動力となったのは、これらの現代科学の成果であった。現代テクノロジーはこのような現代科学の成果を大量に含む形で成り立っている[50]。またくり返される核実験や原子力発電所の事故は地球システムに人工放射性同位体を拡散している。また合成化学物質や遺伝子組換え作物の拡散、生態系の破壊による生物多様性の減少なども、地球システムの生物地球化学的循環に不可逆的変化をもたらしている。冷戦が終結し核兵器による地球的規模の破壊力が後景に退いた後に、人間の活動が惑星限界に直面していることを端的に示すものは、化石燃料の大量消費による二酸化炭素の排出増大に起因する地球温暖化であり地球的規模の気候変動であろう[51]。それは人間の活動がもたらした地球的規模の破壊力であり、資本主義のシステムが惑星限界に直面していることを、まごうかたなき明確さをもって証するものにほかならない。人新世における大加速の駆動力となったのは、このような現代科学の成果を内に含む現代テクノロジーであった。

現代テクノロジーは近代テクノロジーの内部に現代科学の成果を導入することで成立した。そこには現代科学の成果を近代科学の枠組みで管理する構造があり、二つの異質な世界観と方法論がせめぎ合う構造がある。それは現代科学の成果を近代科学の枠組みに封印し、資本主義のシステムを延命するための手段として利用する構造にほかならない。しかしそれは同時に資本主義のシステムを内から制約するものでもあった。現代テクノロジーに内在する現代科学の成果は、大加速における資本主義のシステムに内在する自己否定の契機であった。資本主義のシステムは内なる自己否定の契機に衝き動かされ、そこから逃れようと不毛な努力を続けたが、そのことでかえって惑星限界に衝突する運命を自ら引きよせてしまった。大加速にはそのような逆説の構造が秘められていた。それは人新世における近代科学の枠組みに呪縛された段階の量的拡大ではなく、世界観と方法論における転回という質的転換を経て、現代科学の枠組みにもとづく新しい段階に至る過渡期と考えるべきであろう。(52)

五

現代科学（量子力学）の誕生は、近代科学（古典力学）を生みだした一七世紀科学革命に対して、二〇世紀科学革命として位置づけることができるであろう。そしてこの二〇世紀科学革命は科学と技術の革命にとどまらず、人間と社会のあり方にも革命をもたらすものとなった。相対性理論の要請を満たす形で量子力学を定式化すると「場の量子論」（相対論的量子論）となる。(53)それは粒子を「量子化された場」としてとらえ、自然現象を「量子場の相互作用」として記述する理論であった。粒子は粒子としての個別性を維持しつつ、場の相互作用を媒介として他の粒子とつながっている。場のゆらぎやひずみが粒子となり、場のゆらぎやひずみの伝播が粒子にはたらく力を媒介する。そして場のゆらぎやひずみが粒子の生成消滅を通じて無限に多様な物質の世界をつくりだし、物質の世界におけるゆらぎやひずみのなかから生命が芽生え、無限に多様な生命の世界が形づくられていった。さらに生命の世界のゆらぎやひずみのなかから人間が生まれ、無限に多様な人間の世界の登場となる。

物質の形成から生命の発生を経て人間の誕生に至る全期間を「量子場の相互作用」の自覚的発展の過程として総括することができよう。[54] 人間は「量子場の相互作用」の自覚的発展の過程を経て到達した「量子化された場」の高度に発展した自覚的形態としてあった。このような人間のあり方を原子的個に対して量子的個とよぶことにしよう。量子的個は「量子場の相互作用」がつくりだす場のゆらぎやひずみを媒介として他の量子的個と関係を結び、そこに無限に多様な個と個の共同性をつくりだす。そしてそれは個性的で多様な具体的人間を画一的で一様な抽象的人間の迷宮から救いだし、「ホッブズ的論理」の呪縛から人間と社会を解放するものにほかならない。量子的個は場の量子論の地平に成立する人間のあり方であった。そこで「量子場の相互作用」的な原理にもとづいて統合された社会のあり方を考えなければならない。[55] 人新世の社会主義は人間を自然の一部と考える地点から、自然に対する支配からの脱却と人間に対する支配からの脱却を目指すものでなければならない。

しかし自然に対する支配を基礎として人間に対する支配を組織したのは資本主義のシステムだけではない。完新世の安定した気候のもとで成立し維持されてきた農業社会のシステムは、自然に対する支配を基礎として人間に対する支配を、生物的自然と人間の関係にもとづいて組織したものであり、資本主義のシステムは近代科学の世界観と方法論を媒介として、自然と人間の関係を生物的自然から物質的自然へと拡張することで農業社会のシステムを継承し、それを徹底したものといえよう。[56] 完新世の温暖で安定した気候のもとで人類は定住生活を開始し、定住生活にともなう生物的自然への人為的介入を経て農業を始める。それは生態系への人為的介入と管理を通じて、生物多様性の減少をもたらす営為であった。完新世の気候は更新世より安定しているとはいえ、天変地異は逃れるべくもなく、生物多様性の減少した農地で営まれる農業生産には、わずかな気候変動でも十分な脅威であった。それゆえ農業社会における自然と人間に対する支配には神の権威による裏づけを必要とした。

また農業生産は地域の生態系の多様性に適応しなければならず、固有の生態系についての知識と経験の蓄積と継承が不可欠であり、地域の共同体の果たす役割は決定的であった。そこには更新世の自然社会にまでさかのぼる知識と経験の蓄積と継承があった。農業社会は地域の共同体を包摂し、それを馴致することで維持されてきた。農業社会のシステムは神と共同体に制約されつつ、それらに支えられて自然に対する支配を基礎とした人間に対する支配を組織する体制としてあった。資本主義のシステムは近代科学の世界観と方法論を媒介として、農業社会のシステムを神と共同体の制約から解放し、自然と人間に対する支配をより徹底する形で継承したものにほかならない。[57] これに対して現代科学の世界観と方法論は人間を自然の一部と考えるものであり、自然と人間を分断する近代科学のそれと明確に区別されていた。しかし人間を自然の一部と考える世界認識のあり方は現代科学のそれに限られたものではない。そこには農業社会に先立つ自然社会のあり方に深く通じるものがある。

現代科学の世界観と方法論は完新世をこえて更新世における自然社会のそれを、自然と人間の関係を生物的自然から物質的自然へと拡張することで、自覚的な論理の体系として復活したものであった。[58] 農業社会の共同体に継承されてきた知識と経験は、自然社会のそれを農業社会の枠組みに包摂された制約のなかで守り続けてきたものにほかならない。デヴィッド・グレーバーのいう「基盤的コミュニズム」は、自然社会における自然と人間の関係を基礎とした人間と人間の関係に、その源流を求めることができるであろう。[59] そこには自然と人間の共生を基礎として人間と人間の共生を組織する社会がある。自然社会に統治機構はないが、ホッブズ的な「万人の万人に対する闘争」もない。自然状態は野蛮状態ではない。[60] そのような「ホッブズ的論理」は近代国家の誕生を正統化するためにつくられた神話であり、自然と共同体から切り離され在所に迷う原子的個という近代の人間の自画像にすぎない。大加速は完新世の農業社会をこえて更新世の自然社会まで届く歴史的射程をもっていた。

六

人新世における社会主義二〇〇年の歴史は、人間に対する支配からの脱却を目指したものであった。しかしそれは人間に対する支配が自然に対する支配に通じていることに十分自覚的であったとはいえない。一九世紀には機械論的原子論にもとづく自然科学に対するロマン主義的反動として、有機体的生気論にもとづく自然哲学の系譜が形づくられていくが、生物的自然と農村共同体への郷愁にとどまり、近代テクノロジーに対して有効な対抗軸を形成するには至らなかった[61]。社会主義の思想も近代主義の枠内にとどまり、自然に対する支配からの脱却への強い動機づけはみられなかった。斎藤幸平は『人新世の「資本論」』において、晩期マルクスによる共同体とエコロジーの研究について詳述している[62]。それは『経済学・哲学草稿』における初期マルクスの「人間は自然の一部」という思想が伏流水となり、晩期マルクスによみがえったものと考えることもできるであろう[63]。そしてそのような晩期マルクスの研究にもとづいて、斎藤は脱成長コミュニズムを追求すべきであると主張する[64]。

斎藤の指摘は一九世紀における社会主義の思想に、自然に対する支配からの脱却を志向する契機が含まれていたことを示すものといえよう。マルクスは『経済学・哲学草稿』において「人間は自然の一部」という認識から出発し、「観念論とも唯物論とも異」なり、同時に「両者を統一する真理」にたどりついた[65]。「人間についての科学が自然科学を自分のうちに包みこむのと同様に、自然科学は後には人間についての科学を包みこむ」ことによって「一つの科学」となる[66]。それは近代科学と異なる科学のあり方を示すものといえよう。初期マルクスの思想には量子力学の世界認識に深く通じるものがあり、現代科学の地平へと向かう方向性を明確に見てとることができる。しかしマルクスの思想形成がなされた一九世紀に量子力学はまだ生まれておらず、「科学」といえば「近代科学」以外になかった。そのためマルクスの思想は現代科学の地平に着地することができず、近代科学の平面に射影されたものとなり、近代科学の枠内で「科学的」な思想として発展をとげていくしかなかった(67)。

晩期マルクスにおける共同体とエコロジーの研究は、近代科学の枠組みから初期マルクスの思想を解放する試みとしてあった。そこには生物的自然と農村共同体における自然と人間の関係に即して人間を自然の一部と考える思想がある。それは自然と人間を分断する近代の二元論からの脱却を目指すものといえよう。しかし晩期マルクスにおける人間を自然の一部と考える思想は、生物的自然と人間の関係にとどまり、物質的自然と人間の関係まで届いていない。それは精神と物体の間に引かれた境界線を、人間を含む生命と物質の間に引き直したものであり、近代の二元論をこえるものとはいえず、その残影と考えるべきであろう(68)。人間を自然の一部と考える思想は、生物的自然と人間の関係から物質的自然と人間の関係へと拡張されなければ、「観念論とも唯物論とも異」なり、同時に「両者を統一する真理」とはいえない。晩期マルクスの思想は一九世紀における物理学と生物学のあり方に制約されていた。しかしそれでは科学とテクノロジーの内在的論理に斬りこむことはできない。

マルクスの思想形成の過程は近代科学の地平から現代科学の地平に向かう運動としてあった。そこには量子力学の世界認識に深く通じるものがある。しかし一九世紀という歴史的制約のなかで、ついに現代科学の地平に到達できずに終わった。量子力学が誕生したのは、マルクスが死んでから四〇年以上の年月が過ぎ去った後のことであった。初期マルクスから晩期マルクスに至る思想形成の全過程を、現代科学の地平から再検討すべきであろう。『資本論』が完成を見ることなく終わったのは、近代科学の枠組みに封印された初期マルクスの思想を無視できなかったからにほかならない[69]。晩期マルクスの思想的営為は現代科学の地平にあと一歩のところまできていた。しかしその最後の一歩は無限の距離であった。それゆえロマン主義の自然哲学とその限界を共有していた。そこには人間を含む生命と物質を分断する二元論があり、その呪縛から解放されない限り、人間中心主義と機械論が対立する枠組みを打破することはできない。斎藤幸平の所説はその限界をマルクスと共有している。

晩期マルクスの思想はエコロジーの研究とともに、農村共同体の研究に裏づけられていた。農村共同体は成員に対する共同体的規制を通じて、生物的自然を〈コモン〉として管理し、生態系を保全する役割を果たしてきた。そしてそれは共同体が農業社会の枠組みに包摂されながら、それに先立つ自然社会の知識と経験を守り続けてきたことを意味していた。ザスーリチ宛の手紙でマルクスは「原古的な類型のより高次の形態」への復帰について述べていた[70]。「原古的な類型」とは自然と人間の共生を基礎として人間と人間の共生を組織する自然社会のあり方を指し、「高次の形態」への復帰とはそれを現代科学の地平に復活させることでなければならない。自然社会の世界観と方法論は量子力学のそれに深く通じるものがあった。そして現代科学の世界観と方法論は自然社会のそれを、生物的自然と人間の関係から物質的自然と人間の関係へと拡張したものとしてあった。自然社会と現代科学が農業社会と近代科学を挟撃する構造をふまえた「前資本主義社会」への分析が求められている。

七

斎藤幸平は人新世の危機に立ち向かうため、「マルクスの遺言」を引き受け、最晩年のマルクスの資本主義批判の洞察をより発展させ、未完の『資本論』を脱成長コミュニズムの理論化として引き継ぐような、大胆な新解釈に今こそ挑まなくてはならないと主張する。[71] しかし斎藤の脱成長コミュニズムは「ホッブズ的論理」にもとづく野蛮状態との対比で語られており、[72]「地球を〈コモン〉として管理する」という表現もある。[73] しかし自然状態は野蛮状態ではない。そして地球はそこに生命が生まれ人間が生きる場所であり、〈コモン〉として管理する対象ではない。[74] 地球は計算可能、予測可能、コントロール可能な世界ではない。資本主義以前の社会は「前資本主義社会」として一括されており、自然社会と農業社会の区別もなければ、更新世と完新世を分節化する記述もない。考古学や人類学の知見も参照されていない。それでは人新世を語ることはできない。大加速は人新世における連続の相のもとで理解されており、自己否定の契機を含む逆説の構造に十分自覚であるとはいえない。

斎藤の資本主義についての記述には「資本の法則の全面的に貫徹した資本主義社会といった『想像的全体性』を通した把握」を見て取ることができる。そこには逃れがたく「近代主義」が浮上してくる。[75] デヴィッド・グレーバーの資本主義についての理解は、資本の法則が「むしろ『貫徹できない』ありさま、アルカイックであったり近年の発明であったりする、原理を異にする諸実践や諸原理の

『寄せ集め』として把握すること」に力点がおかれている。[76] 大加速における資本主義のシステムは自己否定の契機を含んでいた。そこではシステムの内部にゆらぎやひずみの発生が不可避であり、機械論的な理解を維持することは不可能であった。そしてそれは現代科学の成果を近代科学の枠組みで管理する構造をもつ現代テクノロジーの両義性に通じている。近代科学の枠組みは過去に閉ざされており、現代科学の成果は未来に開かれている。現代テクノロジーはそれを管理する近代科学の枠組みに注目すれば閉鎖的技術となり、そこに内在する現代科学の成果に注目すれば開放的技術となる。[77]

地球的規模で構築されたネットワーク・テクノロジーは、電子情報テクノロジーの目覚ましい発展によって可能となったものであり、それもまた現代科学の所産であった。ネットワーク・テクノロジーはさまざまな要素から構成される複雑なシステムであるにとどまらず、人間という主体の多様な活動を含んで成り立つシステムであり、生態系によく似た構造をもっているといえよう。[78] 生態系では多種多様な生物の活動が物質循環をつくりだし、その物質循環が多種多様な生物の活動を保証している。ネットワーク・テクノロジーの地平に成立する多様な人間の活動は、さまざまな要素から構成されるシステムを通じた情報の流通によって保証されている。そこには人間をその一部として含むシステムがあり、それもまた複雑系としての性格をもっている。地球も人間を含んで成り立つシステムであり、人間も生態系の一員と考えるべきであろう。それらはいずれも計算可能、予測可能、コントロール可能な世界ではなく、そこにおけるゆらぎやひずみが無限に多様な人間の活動を保証する。

現代テクノロジーに内在する現代科学の成果はテクノロジーの変容を促し、現代テクノロジーは閉鎖的技術から開放的技術への過渡期にある。そのような過渡期の技術としての両義性のなかにテクノロジーとエコロジーの協働への可能性が秘められている。それは「使用価値」を重視する社会ではなく「関係価値」を重視する社会への道である。[79] 無限に多様な自然と人間の活動がつくりだすゆらぎやひずみが資本主義の行く手に立ちはだかっている。それは機械論的に理解された資本主義のシステムに気候正義という「梃子」で力学的に立ち向かう脱成長コミュニズムの近代主義の戦略としての限界を暴露する。[80] マルクスが到達した最終地点から現代科学の地平へと歩みを進めなければならない。社会主義の二〇〇〇年は近代主義に呪縛された歴史であった。社会主義は二〇〇〇年にわたって自らにまとわりついた負の遺産を清算し、自然と人間の共生を基礎として人間と人間の共生を追求する思想として再生しなければならない。関係価値を重視する社会の誕生に向けた思想が求められている。

現代科学の成果を近代科学の枠組みから解放し、共同体に継承されてきた知識と経験を農業社会の枠組みから解放することが喫緊の課題である。それだけがテクノロジーとエコロジーの協働を可能にする。地球システムの生物地球化学的循環に刻み込まれた不可逆的な変化への対応はそれなしに不可能であろう。もちろん脱成長は不可避の課題である。しかしそれが実現しても、地球システムはすでに十分な熱エネルギーを含んでおり、完新世の安定した気候にもどることはない。人新世は大加速を経て新しい段階を迎えようとしているが、そこで人類は激しい気候変動やくり返される自然災害とともに生きていかなければならない。世界は計算可能、予測可能、コントロール可能ではないことを深く自覚した生き方が求められている。[81] 自然の一部として自然のなかで生きる社会を、更新世における自然社会のあり方を通して考えていかなければならない。それは自然社会を現代科学の地平に甦らせることにほかならない。地球的規模の破壊力をこえる地球的規模の構想力が求められている。[82]

(1) 斎藤幸平『人新世の「資本論」』(集英社、二〇二〇年) 一一七頁。
(2) 同右書、三二頁。
(3) 同右。
(4) 同右書、三六頁。
(5) 同右書、三七頁。
(6) 同右。
(7) 同右書、一四四頁。
(8) 同右書、一八〇頁。
(9) 同右書、一九三頁。
(10) 同右書、一五二―一五三頁参照。
(11) 同右書、一九〇―一九五頁参照。
(12) 同右書、二〇四頁。
(13) 同右書、二二六頁。
(14) 同右書、二二六―二二七頁参照。
(15) 同右書、一九〇―二三〇頁参照。
(16) 同右書、一一四頁参照。

(17) 同右書、二八三―二八七頁参照。
(18) デヴィッド・グレーバー『アナーキスト人類学のための断章』(高祖岩三郎訳、以文社、二〇〇六年)参照。
(19) 同右書、八頁参照。
(20) 前掲『人新世の「資本論」』二七八―三二三頁参照。
(21) 同右書、二八五頁参照。
(22) クリストフ・ボヌイユ、ジャン＝バティスト・フレソズ『人新世とは何か――〈地球と人類の時代〉の思想史』(野坂しおり訳、青土社、二〇一八年)一八頁参照。
(23) 同右書、三三三―三四頁参照。
(24) ジェームズ・C・スコット『反穀物の人類史――国家誕生のディープヒストリー』(立木勝訳、みすず書房、二〇一九年)二一―三頁、一八頁参照。
(25) 前掲『人新世とは何か』三一一―三二頁参照。
(26) 中川毅『人類と気候の一〇万年史――過去に何が起きたのか、これから何が起こるのか』(講談社、二〇一七年)一五八―一六二頁参照。
(27) 前掲『人新世とは何か』三三一―三四頁参照。
(28) 同右書、三〇―三四頁参照。
(29) 拙著『全共闘運動の思想的総括』(北樹出版、二〇一〇年)三五五―三七〇頁参照。
(30) 西田正規『人類史のなかの定住革命』(講談社学術文庫、二〇〇七年)参照。
(31) 前掲『人類と気候の一〇万年史』一五八―一六二頁参照。
(32) 広重徹『近代科学再考』(朝日新聞社、一九七九年)一〇―三一頁参照。
(33) 伊藤俊太郎『近代科学の源流』(中央公論社、一九七八年)二八三―三〇五頁参照。
(34) 同右。
(35) 三木清はこのような機械論的原子論を「ゲゼルシャフト的アトミズム」とよぶ。三木清「形の哲学とゲマインシャフト」『三木清全集』第十巻(岩波書店、一九六七年)四六二―四六四頁参照。

(36) ホッブズ『リヴァイアサン』第一巻（水田洋訳、岩波文庫、一九五四年）、第二巻（同、一九六四年）参照。
(37) 前掲『近代科学再考』八九―一二七頁参照。
(38) 同右書、三一―五二頁参照。
(39) 同右書、一〇〇―一一〇頁参照。
(40) 拙著『核時代の思想史的研究』（北樹出版、一九八五年）一六二―一六六頁、二三四―二四三頁参照。
(41) 前掲『近代科学再考』五四―八四頁参照。
(42) 前掲『全共闘運動の思想的総括』七七―一二九頁参照。
(43) 相対性理論と量子力学の形成過程については、広重徹『物理学史Ⅱ』（培風館、一九六八年）四六―一九八頁参照。
(44) 前掲『核時代の思想史的研究』一六二―一六六頁、二三四―二四三頁参照。
(45) 同右書、二九―一〇一頁、二四四―二四八参照。
(46) 拙著『日本革命の思想的系譜』（北樹出版、一九九四年）六八―七〇頁、二七五―二七七頁参照。
(47) 岡田節人『ヒトと生きものたちの科学のいま』（岩波書店、二〇〇一年）三―六八頁、米沢富美子『人物で語る物理入門（下）』（岩波書店、二〇〇六年）二一一―二三四頁、池内了『科学の限界』（筑摩書房、二〇一二年）九五―一五三頁、中村桂子『科学者が人間であること』（岩波書店、二〇一三年）一四一―二三九頁、他参照。
(48) 中村桂子『生命科学』（講談社学術文庫、一九九六年）参照。
(49) 近代テクノロジーはゆらぎやひずみを排除することで、システムの厳密な制御を追求してきた。これに対して現代テクノロジーはゆらぎやひずみを排除するのではなく、ゆらぎやひずみの介在を当たり前の前提として受容し、それを活かしたシステムの制御を実現しようとしている。柳田敏雄「『ゆらぎ』を使うあいまいな動きと高次な生命機能」武田先端知財団編『「ゆらぎ」の力――はやぶさの帰還・宇宙の始まり・高次な生命機能』（ケイ・ディー・ネオブック、二〇一一年）六三―九一頁参照。
(50) われわれを取り巻く生活世界は量子力学で埋めつくされている。
(51) 冷戦終結後の一九九二年に、ブラジルのリオ・デ・ジャネイロで開催された国連環境開発会議（地球サミット）

で、地球温暖化対策の必要性について国際的合意が形成され「気候変動枠組条約」の署名が開始された。
(52)　前掲『全共闘運動の思想的総括』三五五―三七〇頁参照。
(53)　中西譲『場の量子論』（培風館、一九七五年）参照。
(54)　それは梯明秀のいう「全自然史的過程」を場の量子論の地平からとらえ直したものといえよう。梯明秀『全自然史的過程の思想』（創樹社、一九八〇年）参照。
(55)　前掲『全共闘運動の思想的総括』一三一―一八九頁参照。
(56)　同右書、三五五―三七〇頁参照。
(57)　前掲『日本革命の思想的系譜』二五九―三一六頁参照。
(58)　同右。
(59)　デヴィッド・グレーバー『負債論――貨幣と暴力の五〇〇〇年』（酒井隆史監訳、以文社、二〇一六年）一四二―一六三頁参照。
(60)　前掲『アナーキスト人類学のための断章』参照。
(61)　野田又夫『デカルト』（岩波書店、一九六六年）一七八―一八四頁参照。
(62)　前掲『人新世の「資本論」』一四〇―二〇四頁参照。
(63)　カール・マルクス『経済学・哲学草稿』（城塚登・田中吉六訳、岩波文庫、一九六四年）九五頁参照。
(64)　前掲『人新世の「資本論」』二七八―三二三頁参照。
(65)　前掲『経済学・哲学草稿』二〇五頁参照。
(66)　同右書、一四三頁参照。
(67)　拙稿「思想から見たロシア革命――マルクスの思想と社会主義」季報『唯物論研究』（季報『唯物論研究』刊行会）第一四一号、二〇一七年一一月、一一七―一一九頁（本書、七―一二頁）参照。
(68)　中村桂子は「機械論的世界観」から「生命論的世界観」への転換を主張する。しかしその生命論的世界観は人間を含む生命の世界にとどまり、物質の世界まで届いていない。物質の世界は機械論的世界観に残されている。そこには人間を含む生命と物質を分断する二元論がある。前掲『科学者が人間であること』八五―一三九頁参照。

(69) 前掲『人新世の「資本論」』一五一―一八二頁参照。
(70) 同右書、一九〇―一九五頁参照。
(71) 同右書、二〇三―二〇四頁参照。
(72) 同右書、二八三―二八七頁参照。
(73) 同右書、一四一―一四七頁参照。
(74) 農村共同体が共同体的規制による〈コモン〉の管理を必要としたのは、農業社会に包摂された生態系を農業社会のシステムの脅威から守るためであった。農業社会のシステムが成立する以前の自然社会に〈コモン〉という概念はない。
(75) 酒井隆史「世界を共に想像し直すために――訳者あとがきにかえて」前掲『負債論』六二二―六二三頁参照。
(76) 同右。
(77) 前掲『全共闘運動の思想的総括』七七―一二九頁参照。
(78) 多様な生態系に適応した「狩猟採集民の世界」と多様な人間の活動を含む「情報ネットワーク社会」は「分散的なネットワーク社会」として共通の特徴をもつ。「人類世界は孤立、分散、自由に特徴づけられる狩猟採集民の世界から、中央集権的な階層社会へと向かい、いま再び分散的なネットワーク社会へと移行しつつある」「厳格な階層制度は軍隊には向いているかもしれないが、情報ネットワーク社会には適合しない」。峯陽一『2100年の世界地図――アフラシアの時代』(岩波書店、二〇一九年)一一四頁参照。
(79) 阿部健一は「生物学者は生物相互のつながりに価値を見出した」と述べ、「つながることの価値」を「関係価値」とよび、生物多様性を使用価値と交換価値の対比ではなく、関係価値にもとづいて考えるべきことを主張している。阿部健一「生物多様性という関係価値――利用と保全と地域社会」『科学』(岩波書店)第八〇巻第一〇号、二〇一〇年一〇月、一〇三二―一〇三六頁参照。
(80) 前掲『人新世の「資本論」』三二六―三五八頁参照。機械論的な資本主義のシステムに人間中心主義の脱成長コミュニズムを対置する二元論は、カール・シュミットの「友」と「敵」の区別を想起させる。斎藤の言説にホッブズとシュミットが色濃く影を落としていることには不吉なものがある。カール・シュミット『政治的なも

の概念』（田中浩・原田武雄訳、未來社、一九七〇年）一四―三三頁参照。
（81）前掲『人類と気候の一〇万年史』一九〇―二〇九頁参照。
（82）拙稿「核なき世界への道――量子力学と西田哲学が指し示す未来」『平和研究』（日本平和学会）第五〇号、二〇一八年一二月、一―一八頁〔本書、二六―四九頁〕参照。

勝者なき戦争——核とネットワーク

二〇二二年二月二四日に開始されたロシアによるウクライナへの軍事侵攻は、短期間で勝敗がつくという軍事専門家の予想に反し長期戦の様相を呈している。旧式兵器と人的損害を恐れない古典的な戦略に依拠するロシア軍に対し、アメリカから提供されたハイテク兵器を使いこなすウクライナ軍は対等以上の戦いを続けている。アメリカを中心とした欧米諸国は最大規模の経済制裁によってロシア包囲網を構築し、ウクライナ侵攻に対抗しようとしているが、国際社会の歩調を揃えることに成功しているとはいえない。大規模な経済制裁が長期的にロシア経済に打撃を与えることは確かだとしても、短期的にウクライナ侵攻を阻止する力になっているとはいえない。それは世界経済に甚大な打撃を与え、欧米諸国にとってもきびしい結果をもたらしている。軍事的にも経済的にも出口の見えない状況が進行しており、ロシアにとってもアメリカにとっても「勝者なき戦争」の長期化という最悪の事態が進行している。そこには軍事力も経済力も国際問題の最終的な解決には決定的に無力であるという厳然とした事実が逃れるべくもなく露呈している。

E・H・カーは『危機の二十年』（原彬久訳、岩波文庫、二〇一一年）において、国際分野における政治権力を（a）軍事力、（b）経済力、（c）意見を支配する力という三つのカテゴリーに分類している。意見を支配する力は軍事力や経済力と密接な関係をもつ国家の力ではあるが、それらとは相対的に独立に一定の自律性をもち、国家をこえて国際社会に作用する力としての側面も無視することはできない。ここではウクライナ侵攻をめぐる状況が、軍事力と経済力の両面で行き詰まりをみせるなかで、ロシアのプーチン大統領とウクライナのゼレンスキー大統領が、意見を支配する力に対して示した著しく対照的な反応に注目したいと思う。プーチンは「核の使用」に言及することで国際社会に影響力を行使しようとした。その後も「核の使用」をめぐる発言がロシア政府の高官によってくり返されてきた。これに対してゼレンスキーは「スマホ」を片手にキーウの街にとどまり、そこからリアルタイムに情報発信を続けることで、プーチンの「核の使用」による脅しより、はるかに大きな国際社会への影響力を行使することに成功している。

このような「スマホ」の意見を支配する力としての威力を支えているのが、地球的規模で構築されたネットワーク・テクノロジーであることはいうまでもない。ネットワーク・テクロジーの地球的規模の影響力は、核兵器の地球的規模の破壊力をしのぐものがある。核兵器の登場はその地球的規模の破壊力によって、軍事力のあり方に不可逆的な変化をもたらした。核兵器の使用を含む戦争に勝者を想定することは困難であり、それは軍事力の直接的行使にきびしい制約を課すものとなった。軍事力は直接的役割を担うものから間接的役割を担うものへと変容を余儀なくされた。こうして核兵器という物理的装置は直接的な破壊力としてではなく、核戦争という心理的イメージの発生装置として間接的に影響力を行使するものへと位置づけ直された。それは軍事力の形態において意見を支配する力の機能を担うものにほかならない。そしてその後のテクノロジーの発達は核兵器と通常兵器の違いを曖昧にし、核兵器のみならず通常兵器も著しく使いにくいものとした。軍事力の直接的な効用は急速に低下し、すべての戦争は「勝者なき戦争」となった。

地球的規模で構築されたネットワーク・テクノロジーは、意見を支配する力を軍事力とは独立に影響力を行使できる力へと育てていった。そのような戦略空間の構造は冷戦期にすでに形成されていたが、核兵器の地球的規模の破壊力に隠れて顕在化することはなかった。冷戦の終結によって核戦争の危険性が遠景に退くとともに、核戦争に至らない軍事力行使のハードルが低下したという認識が広がり、湾岸戦争、アフガニスタン戦争、イラク戦争などがくり返された。しかしそこには戦闘に勝つことはできても戦争に勝つことはできないという事実が逃れがたく露呈している。それはいかなる戦争も「勝者なき戦争」となるしかないという厳然たる事実を証するものにほかならない。さらに冷戦後に急速な進展を見せたネットワーク・テクノロジーの発達は、軍事力とは比較にならないほど強力な意見を支配する力を生みだした。それは国家の力にとどまらず国家をこえて地球的規模で影響力を行使することを可能にした。意見を支配する力の変容は地球的規模で戦略空間の構造を変えてしまった。プーチンが見落としていたのはこのことであった。

こうしてゼレンスキーの「スマホ」によるリアルタイムな情報発信は、プーチンの「核の使用」による脅しに勝利した。それは核よりスマホのほうがはるかに強力な武器であることを示すものにほかならない。そこでは「史上初めてスマホが〝武器〟として使われている」(『日本経済新聞』二〇二二年三月三〇日)。ゼレンスキーは一人ひとりがネットワークにつながる端末をもち、リアルタイムな情報共有を通じて連帯すれば、核による脅しに対抗できることを証明した。それはプーチンにとって思いもよらない誤算であった。核兵器は二〇世紀後半を限界づける技術であり、中央集権的階層社会を象徴する「閉鎖的技術」としてあった。これに対してネットワーク・テクノロジーは二一世紀を特徴づける技術であり、地域分散型ネットワーク社会に通底する「開放的技術」にほかならない(『人新世の「資本論」』集英社、二〇二〇年)。プーチンとゼレンスキーが対峙する地平に顕在化した非対称性は、核兵器が引き起こした意見を支配する力における変化が、ネットワーク・テクノロジーの発達によって新しい段階を迎えたことを意味していた。

核兵器とネットワーク・テクノロジーは、それぞれ閉鎖的技術と開放的技術を代表するものであるが、実体的に区別される二つの独立した技術と考えるべきではない。それらはいずれも二〇世紀に誕生した量子力学によってはじめて可能となった技術であり、古典力学の世界観にもとづく近代テクノロジーの内部に、それとは異質な世界観を身におびた量子力学の成果を大量に導入することで成り立っている。古典力学の誕生は近代科学の成立であった。これに対して量子力学の誕生は現代科学の成立としてある。そこには世界観の転回があることを見落としてはならない。現代テクノロジーは現代科学の成果を近代科学の枠組みで管理する構造をもっている。核兵器とネットワーク・テクノロジーは、いずれもこのような現代テクノロジーの所産にほかならない。現代テクノロジーは近代科学（古典力学）から現代科学（量子力学）へという世界観の転回に呼応した変容の途上にある過渡期の形態と考えるべきであり、それを管理する近代科学の枠組みに注目すれば閉鎖的技術となり、そこに内在する現代科学の成果に注目すれば開放的技術となる。

ウクライナ侵攻を強行したプーチンの戦略はすぐれて古典力学的であり、核による脅しを使って意見を支配する力を行使しようとする戦略も、その延長線上に位置づけることができる。しかしそれは核兵器がもたらした戦略空間の変化に無自覚な戦略であった。これに対してネットワーク・テクノロジーを駆使して意見を支配する力を行使するゼレンスキーの戦略には、量子力学的思考に深く通底するものがある。プーチンとゼレンスキーが意見を支配する力をめぐって対峙する構造は、古典力学から量子力学へという世界観の転回を世界史の構造として開示するものにほかならない（『抑止力神話の先へ』かもがわ出版、二〇二〇年〔本書、一三九―一八七頁〕）。しかしネットワーク・テクノロジーに内在する巨大な力を地球的規模の破壊力として利用するだけでは、意見を支配する力をめぐって「勝者なき戦争」がくり返されることにしかならないであろう。ネットワーク・テクノロジーに内在する力を積極的に活用し、地球的規模の破壊力を地球的規模の構想力へと転じることで、核兵器がつくりだした世界史の構造を核兵器なしで継承することを考えなければならない。

あとがき

本書に収録した各論文は、いずれも二〇一七年から二〇二二年にかけて執筆し、いくつかの媒体に順次掲載されたものである。それらはそのときそのときに直面した問題群に対するリアルタイムな解析を試みたものにほかならない。

筆者は『核時代の思想史的研究』（北樹出版、一九八五年）、『日本革命の思想的系譜』（同、一九九四年）、『全共闘運動の思想的総括』（同、二〇一〇年）の三部作（以下、初期三部作）において、量子力学（場の量子論）と西田哲学（場所的論理）に通底する構造を発見し、それをふまえた歴史的世界の論理的構造の解明を進めてきた。そこでは核戦略、天皇制、全共闘の解析を通じて、科学と政治をつらぬく論理を探究し、それにもとづく歴史哲学の理論をつくりあげることができた。それは世界史の哲学の誕生であった。

本書に収録した各論文は、いずれも初期三部作を通じてつくりあげられた歴史哲学の理論にもとづいて、そのときそのときに直面した問題群を解析し、そのことを通じて理論の有効性を検証する作業になっているといえよう。本書と同時に北樹出版から刊行される『地球社会学の構想』とともに、そのことを確認していただければ幸いである。

本書で取りあげたテーマは多岐にわたり、執筆時期も掲載媒体もそれぞれ異なっている。そのため書式、文体、用語などに揺れがあり、また異なる文脈で同一の内容がくり返されるなど、重複する記述も少なくない。しかしそれらについては、執筆時の論旨の変更となるような大幅な修正や削除、無理な統一は避け、註を補足したほか、最小限の修正や調整にとどめた。各論文の掲載時期と掲載媒体については、巻末の初出一覧を参照されたい。執筆の機会を与えていただいた各位に、この場を借りてお礼を申し上げたい。

最後に、本書の刊行に際しても、初期三部作に引き続いて、北樹出版のお世話になった。記して謝意を表することとする。

二〇二三年八月二五日

内藤　酬

◆初出一覧◆

・「思想からみたロシア革命――マルクスの思想と社会主義」
季報『唯物論研究』（季報『唯物論研究』刊行会）第一四一号、二〇一七年一一月
・「池内了『科学の限界』ちくま新書」
河合文化教育研究所編『二〇一八わたしが選んだこの一冊――河合文化教育研究所からの推薦図書』
河合塾教育コンテンツ本部、二〇一八年六月
・「日本近現代史と天皇――復古と維新」
季報『唯物論研究』（季報『唯物論研究』刊行会）第一四四号、二〇一八年八月
・「核なき世界への道――量子力学と西田哲学が指し示す未来」
『平和研究』（日本平和学会）第五〇号、二〇一八年一二月
・「滝沢神学と天皇制――イエスと天皇」
滝沢克己協会編『今を生きる滝沢克己――生誕一一〇周年記念論集』（新教出版社）二〇一九年三月
・「メディアの革命から革命のメディアへ――テクノロジーの変容の彼方に」
「醍醐元正教授古稀記念論文集」『経済学論叢』（同志社大学経済学会）第七〇巻第四号、二〇一九年三月
・「入江昭『歴史家が見る現代世界』講談社、二〇一四年――〈国家の歴史〉から〈世界の歴史〉へ」
季報『唯物論研究』（季報『唯物論研究』刊行会）第一四八号、二〇一九年八月

・「天皇制の成立――逆説の王権」
『政経研究』（政治経済研究所）第一一三号、二〇一九年一二月
・「思想的背景から見た抑止の現在と未来」
自衛隊を活かす会編『抑止力神話の先へ――安全保障の大前提を疑う』（かもがわ出版）二〇二〇年三月
・「中村桂子『科学者が人間であること』岩波新書」
河合文化教育研究所編『二〇二〇わたしが選んだこの一冊――河合文化教育研究所からの推薦図書』
河合塾教育研究開発本部、二〇二〇年六月
・「自然に対する支配の終わり――自然災害・原発事故・感染症」
季報『唯物論研究』（季報『唯物論研究』刊行会）第一五三号、二〇二〇年一一月
・「人新世の科学論――斎藤幸平『人新世の「資本論」』を読んで」
季報『唯物論研究』（季報『唯物論研究』刊行会）第一五七号、二〇二一年一一月
・「人新世の社会主義――社会主義二〇〇年」
『初期社会主義研究』（初期社会主義研究会）第三〇記念号、二〇二二年三月
・「勝者なき戦争――核とネットワーク」
季報『唯物論研究』（季報『唯物論研究』刊行会）第一六一号、二〇二二年一一月

著者略歴

内藤　酬（ないとう　しゅう）

1951年生まれ。京都大学理学部卒。同大学院博士課程修了。理学博士。大学院在学中、高エネルギー物理学研究所（現・高エネルギー加速器研究機構）の研究グループに参加し、高エネルギー陽子加速器を用いた素粒子物理学の実験的研究に従事。大学院修了後、防衛庁防衛研修所（現・防衛省防衛研究所）助手として、戦略理論と国際政治の研究と教育を担当。核兵器と核戦略の研究に従事。ライオグランデ大学日本校講師、河合塾小論文科講師を歴任。専攻、国際政治学・現代文明論。戦争と平和、科学と文明、思想と哲学などの問題に興味をもっている。著書に『核時代の思想史的研究』（北樹出版、1985年）、『日本革命の思想的系譜』（同、1994年）『全共闘運動の思想的総括』（同、2010年）、『地球社会学の構想』（同、2023年）がある。

核なき世界への道

2023年12月5日　初版第1刷発行

著　者　内　藤　　酬
発行者　木　村　慎　也

・定価はカバーに表示　　印刷　日本ハイコム／製本　和光堂

発行所　株式会社　北 樹 出 版

〒153-0061　東京都目黒区中目黒1-2-6
電話(03)3715-1525(代表)　FAX(03)5720-1488

ISBN978-4-7793-0725-6